돈 벌어주는 공무원

신화용 지음

여행마인드

돈 벌어주는 공무원

인쇄 2011년 6월 1일
발행 2011년 6월 5일

지은이 신화용

펴낸 곳 여행마인드(주)
발행 · 편집인 신수근
디자인 정보석, 권영현
등록번호 제300-1997-103호
주소 서울 관악구 청룡동 1592-9 동산빌딩 403호
전화 02-877-5688
팩스 02-6008-3744
E-mail samuelkshin@hanmail.net

ISBN 978-89-88125-15-1 03980

정가_ 13,000원

돈 벌어주는 공무원

신화용 지음

무슨 말을 하고 싶어 책을 쓰려하는가?

글 쓰는 일과 거리가 먼 공무원에 봉직했던, 또 기업의 경영에만 전념했던 사람이 어떤 말을, 어떤 메시지를 세상에 전하고 싶기에 책을 쓸 결심을 했을까?

내 자신 나도 정확히는 모르지만 한 가지 분명한 것은 필자가 관광 공무원을 하면서 열정적으로 추진했던 일(관광마케팅 활동)들이 내가 예상했던 것보다 나 스스로도 놀랄 정도로 주민들에게 '크나큰 소득'을 올려 줬을 뿐만 아니라 충남관광을 한 단계 높여준 획기적 결과로 나타나는 것을 보면서 그 과정과 결과들을 누구엔가 전파하고픈 심정에서 일 것이다.

그것이 비록 소가 뒷걸음질 치다가 밟아 잡은 쥐가 되었건, 의도되거나 계획된 결과물이었건 '쥐' 치고는 너무 '큰 쥐'이었기에 그대로 묻어둘까 하다가 용기를 내서 사건화(册) 하고자 한다.

이것은 시중에서 쉽게 접할 수 있는 마케팅 이론이 아니다. 필자가 10여 년간의 관광 현장에서의 실전을 바탕으로 관광마케팅의 모든 것을 지금까지의 '코끼리 다리만 잡는', '뜬구름 잡는' 식의 접근이 아닌, 생생한 체험을 통해 찾은 구체적인 실제 사례다.

글재주도 없고, 책 읽기를 크게 좋아하지 않는 대중의 정서를 감안해서 나름대로는 간결하게 일기를 쓰듯이 씀으로써 독자입장에서는 어느 누구의 일기장을 훔쳐보는 심정으로 읽히기를 바라는 마음이다.

글을 쓰면서 이렇게 조심스럽게 자조적인 생각도 해보았다.

'조심스러운 것은 제 자랑을 세상에 알리기 위해서 …… ?'

'너 나 잘 하세요!'

염려도 되고 망설여지기도 하지만 그 몫 보다는 세상에 알려서 얻는 효과가 더 크리라 생각되어 감히 책으로 펴낸다.

나 이상으로 비춰지는 것은 원치도 않고 더욱이 세상에 보이기만을 위한 것이 아님을 거듭 밝힌다. 이 글이 픽션이 아닌 다큐이다 보니 등장인물의 실명거론이 마땅하나 행여 당사자에게 부담을 줄까봐 조심스러워 영문 이니셜로 표시했다.

모쪼록 이 책이 여행을 좋아하는 등 관광에 관심 있는 분들, 관광시설이나 관광자원 등을 운영하는 분, 지역축제 등을 기획 주관하는 분들, 앞으로 관광업계에 종사 할 관광계열학생들 그리고 관광공무원을 포함한 모든 공무원분들에게 조금이나마 도움이 되었으면 하는 바람이다.

2011년 5월

우리나라의 중심 한밭 벌 정림동 서실에서 **신화용**

차례

1장

충청남도관광주식회사 수배부장이 된 사연

내가 충청남도관광주식회사 수배부장이요!!

외국인 관광객 유치에 주력을 하다 보니, 수시로 서울에 소재한 외국인 유치를 전문으로 하는 대형 여행사 사무실을 자주 방문하게 되는데, 갈 때마다 그 사무실의 간부 책상위에 있는 명패 중 유난히 눈에 띄는 명패가 있었다.

'수배부장' 이라는 명패였다. 필자가 서울의 대형 여행사를 방문했을 때 가장 의아하게 생각했던 것이 도대체 여행사에 왜 수배부장이 있는 것일까?

외국인 관광객을 유치해 왔다가 귀국하지 않고 도주해서 불법체류자가 생겼을 때 수배를 한단 말인가? 하는 등의 엉뚱한 생각을 해본일이 있다. 나중에 알고 보니 수배부장은 여행사 업무분장 상 상품개발을 전담하는 부서가 있고 관광객을 유치를 전담하는 부서, 개발된 상품이나 유치 팀이 유치한 관광객을 핸들링 하는 과정에서 교통(버스) · 숙박(호텔) · 식당 · 가이드 · 슈핑 등을 차질 없이 추진 될 수 있도록 세부장소 · 일정 등을 현장 답사 등을 통해서 확정해 주는 없어서는 안 될 감초 같은 지원 부서였다.

수배라는 단어의 사전상의 의미는 '범인을 잡으려고 수사망을 편다'는 뜻과 '어떤 일을 갈라 맡아서 하게 한다'는 뜻이 있는데 후자 의미의 뜻을 관장하는 부서였다.

필자가 의회 의사계장을 하다가 관광과 관광 홍보계장을 맡은 1997년은 불행하게도 국가가 IMF 관리체제로 외화가 한 푼이라도 아쉬운 시기였다. 그때 필자는 관광객을 충남으로 많이 유치해서 경제적인 파급효과를 내는 일을 해야 하는 업무를 맡게 되었는데 관광객 유치를 함에 있어 내국인 관광객 유치와 외국인 관광객 유치 중 어디에 중점을 둘까 고민을 하다가 시기가 시기인 만큼 외국인 관광객 유치가 훨씬 의미 있는 일이라 판단되어 외국인 관광객 유치에 전력을 다하기로 방향을 택했다.

그런데 여기서 독자에게 먼저 고백을 하고 이해를 구해야 할 일이 있는데 필자는 관광을 공부한 적도 없고 관광 업무를 취급해본 경험도 없는 관광 문외한 중의 문외한이라는 사실이다. 그런 사람이 외국인 관광객을 유치하겠다? 과연 가능할까? 관광에 대해서 뭘 알아야 유치를 하던지 할 것 아닌가?

그때만 해도 시 · 도 관광 행정에 내국인이던 외국이던 관광객 유치라는 개념 자체가 없었고, 관리행정 · 문서행정만이 있던 시절이다. 외국인 관광객 유치는 문화관광부나 한국관광공사에서만 하는 것으로 알던 시절이다. 그런 상황에서 외국인 유치 개념을 처음 도입하려다보니 참고할만한 서류도 또 다른 자료도 있을 리가 없었다.

그래서 제일 먼저 시작한 일이 세미나 토론회 등을 열심히 쫓아 다니고 유명한 교수님들의 논문과 관광관련 서적 등을 뒤지며 거기서 길을 찾으려 했으나, 거기서 얻은 지식은 백번 옳은 소리지만 현장에서는 별 쓸모가 없었다. 그래서 한참을 고민하다가 얻은 결론은 '아! 현장을 뛰어야 답이 있겠구나!' 라는 깨달음이었다.

그렇다. 현장이다. 현장 전문가가 되는 것이다! 외국인이 찾는 관광현장, 그들이 무엇에 관심을 갖고, 무엇을 선호하는지 등 외국인 관광객의 트렌드를 파악하는 것이 중요할 텐데 그러기 위해서는 그들을 실질적으로 유치해 오는 여행사를 찾아 현장에서 느끼면서 배우고 그들의 현장 마인드와 관광 지식을 배우며 또 그들이 지자체에 바라는 것은 무엇인지? 등을 알아야 해답을 얻을 수 있을 것 같았다.

그래서 전국의 외국인이 찾는 현장을 열심히 누볐고 외국인 관광객의 쇼핑이 이루어지는 이태원의 외국인 전용 매장도 제재를 무릅쓰고 들어가 보았다.

또 원어민 교사를 초청 충청남도 관광지를 답사시키면서 그들의 의식 · 생활방식 · 여행 행태 등을 파악했으며 틈나는 대로 서울에 있는 인 바운드를 전문으로 하는 대형 여행사를 찾아, 현장 공부에 발품을 팔면서 현장전문가가 되기 위해 노력했다.

당시 충남에는 인 바운드 여행사가 2개소뿐이어서 서울의 여행사를 찾을 수밖에 없었는데 서울의 여행사를 다 찾을 수는 없고 또한 다 찾는 것 보다는 외국인 유치실적이 많은 랭킹 50위권인 동서 · 세일 · 대한 · 세방 · 한주 여행사와 롯데 · 한진 · 서울동방관광 등 50개사를 택해 집중 공략하는 것이 효과적이라 생각되어 그들의 사업파트너가 되기에 온 정성을 다 들였다.

이제 나의 고객은 외국인 관광객과 인 바운드 여행사가 가장 중요한 고객으로 떠 오른 셈이다. 여행사를 운영하는 업자가 아닌 내가 가장 정성을 들여 모셔야할 고객이 된 것이다. 갑과 을의 입장이 뒤바뀌어야 하는 것이다. 그러면 이들 고객의 마음을 잡기 위해서는 어떻게 해야 할까?

주한 외국인 교사 초청 충남 관광지 답사 및 설명회 단체사진(1997년 5월)

필자의 안내로 충남 곳곳의 관광지를 답사하는 원어민 교사들

외국인 유치실적이 많던 랭킹 50위권 국내 인바운드 여행업체 리스트

순위	업 체	대표자	전 화	팩 스	주 소	우편번호
25	다이너스티여행사	오학빈	545-8889	516-7859	강남구 신사동 585-13	135-120
26	우 비 여 행 사	문장권	364-8411	364-8415	서대문구 북아현동 142-8	120-190
27	삼 진 관 광	남애연	711-1655	704-9027	마포구 도화동 250-4	121-040
28	보 석 관 광	서정관	595-2900	595-2905	서초구 반포4동 52-8	137-044
29	킴 스 여 행 사	김춘추	323-3361	323-3365	마포구 서교동 463-4	121-210
30	세 종	천신일	753-1911	753-3114	중구태평로2가15 삼성생명빌딩15층	100-102
31	세명항공 여행사	이성표	757-3670	755-6755	중구 남대문로 3가 91	100-093
32	창 스 여 행 사	장진희	3142-6688	3142-6690	서대문구 창천동 503-24	120-180
33	승 인 여 행 사	왕승인	338-1691	336-4141	마포구 서교동 468-32	121-210
34	에 이 원 여행사	기노섭	701-0947	701-0946	마포구 도화동 37(진도빌딩1101)	121-040
35	포 커 스 투이즈	김순규	766-8762	766-8766	성북구 동소문동1가 115	136-031
36	한 나 라 관 광	홍원의	322-5151	322-5007	마포구 동교동 205-5	121-200
37	동양고속비여행사	박장서	3662-4014	3662-4018	강서구 등촌동 등촌택지개발지구 상업용지 3블럭 5,6,7호 157-030	157-030
38	금 룡 여 행 사	조규원	720-2861	720-2865	종로구 사직동 36-1(사직빌딩4층)	110-054
39	서울해외 여행사	김승훈	757-2141	757-3400	중구 소공동 70	100-070
40	세 한 여 행 사	구경열	3272-6300			
41	금 강 개 발	김영일	3702-2281			
42	세 원 여 행 사	황상호	335-1491			
43	동 부 고 속	이재회	754-6044			
44	세꼬프라자 관광	이정민	737-8496			
45	세 도 여 행 사	이윤수	747-1818			
46	한 민 여 행 사	김정순	606-0387			
47	서울항공 여행사	정운식	754-6831			
48	농업기술교류센타	김병두	706-1541			
49	광 화 문 여행사	정두섭	730-1051			
50	엔 비 엔 여행사	박종석	733-8741			
51	유 세 항 공	순기윤	702-3088			
52	세 민 항 공	허반식	322-8889			
53	한 신 여 행 사	채경태	725-3829			

'97年度外來觀光客誘致實績 上位業體名單

순위	업 체	대표자	전 화	팩 스	주 소	우편번호
1	동 서 여 행 사	한장수	716-9800	717-5882	마포구 염리동 155-13 동서빌딩1층	121-090
2	한 진 관 광	장영환	726-5500	773-8179	중구 서소문동41-3KAL빌딩15,16층	100-110
3	세 일 여 행 사	김진하	733-0011	733-2884	종로구 경운동 91-1 서원빌딩9층	100-310
4	서울 동방 관광	조용장	733-0075	739-0202	종로구 경운동 70 경운빌딩5층	110-310
5	세 방 여 행	오세종	335-0011	333-3567	서초구 서초동 1465-11	137-070
6	대 한 여 행 사	설영기	585-1191	586-3567	서초구 서초동 1465-11	137-070
7	코오롱고속관광	이동보	733-2581	737-6517	종로구 인사동 194-27	110-290
8	한 주 여 행 사	김영선	732-1501	732-7886	종로구 중학동 14 한국일보사12층	110-150
9	홍 인 여 행 사	오인목	263-0275	263-0270	중구 인현동 2가 73-1	100-281
10	롯 데 관 광	김남종	722-3344	723-0033	종로구 사직동 1-41	110-054
11	아주관광여행사	김경회	763-5051	774-0023	중구 순화동 5-2	100-130
12	한남 여행 인터 내 셔 널	김기태	775-0990	771-9035	중구 장교동1번지 장교빌딩 12층	100-220
13	동 보 여 행 사	이석형	518-1671	517-5320	강남구 신사동538번지 기린빌딩3층	135-120
14	전 국 관 광	김종철	774-9191	774-0300	중구 다동 92 다동빌딩 401	100-180
15	로타리항공여행사	조성연	545-3330	542-0501	강남구 신사동561-31신성빌딩501호	135-120
16	한국관광여행사	정우식	777-0982	757-8452	중구 소공동 112-6 동양빌딩7층	100-070
17	고 려 여 행 사	김기태	771-3100	755-0849	중구 서소문동 57-9 한영빌딩 4층	100-110
18	에치 아이 에스 코 리 아	이복희	755-4100	756-9930	중구 소공동 70	100-070
19	파 나 여 행 사	이왕건	735-4200	720-6269	종로구 수송동510-8 거양빌딩702호	110-140
20	국 경 여 행 사	왕국경	771-6688	318-0162	중구 다동 183번지 정서빌딩3층	100-180
21	한 화 관 광	김봉훈	775-3232	732-7273	중구 장교동1번지 현암빌딩6층	100-220
22	제이오에이관광	주학남	323-3541	335-3245	마포구 동교동 158-25	121-200
23	한 비 여 행 사	한우식	773-5005	776-3673	중구 다동 117번지	100-180
24	투 어 시 스 템 코 리 아	전영선	817-9231	817-9159	동작구 대방동 335-25 보광빌딩1층	156-020

답은 간단하다. 관광객과 여행사 그들의 수요에 맞춰 마음에 들게 하는 것이다. 관광객에게는 여행상품이 마음에 들어야 하고, 이를 운용하는 여행사에게는 관광객의 마음에 드는 상품을, 돈이 되는 상품을 개발할 수 있도록 지원하고 도와주어야 한다.

이때 나는 그들 여행사를 향해 틈만 나면 충남을 대상으로 하는 여행상품을 충남도와 공동개발 할 것을 제안했고, 당신네들이 개발한 상품을 운용하면서 불편한 사항이나 애로사항이 있으면 무엇이던지 도와줄 테니 요청하라는 취지의 이야기를 소리 높여 외쳐댔다.

"내가(충청남도가) 당신들의 상품개발상의 문제나 상품운용상의 문제를 해결, 지원해주겠다. 충남에 관광객을 보내주면 교통, 주차, 안내(외국어 통역까지)에 필요한 모든 조치로 불편 없는 관광이 될 수 있도록 성의껏 지원해 주겠다."라고 말하며 열심히 설득했다.

"내가 당신네 여행사의 수배부장 역을 충실히 하겠다. 시켜만 주라. 어떤 것도 좋다. 내가 해결을 못하면 지사님의 힘을 빌려서라도 해결해 주겠다!"라고 하면서 시도 때도 없이 그들을 방문했고 전화를 해댔다.

처음 필자가 그런 사항을 제안했을 때 '며칠 하다 말겠지' 싶어 별 관심을 보이지 않던 여행사들이 하나, 둘 전화문의도 했고 이러이러한 사항을 해결 해 줄 수 있겠느냐는 요구사항도 FAX로 들어오기 시작했다. 여행사들이 충남도를 갑을(甲乙)관계가 아닌 을(乙)과 을(乙)의 관계로 보기 시작한 것이다.

'OK! 이제 됐구나! 이제 나의 의도대로 그들 여행사의 수배부장으로 나를 인정하고 수배 일을 맡기기 시작하는 구나!'

그들 요구는 아주 다양했다.

◎ 호텔, 식당예약 및 할인 부탁
◎ 자기회사 개발상품의 홍보물제작용 사진(호텔 · 식당 · 관광지 등) 및 관련자료
◎ 충남도를 비롯한 시군의 외국어로 된 홍보물
◎ 인삼밭 견학 및 체험을 위한 인삼밭 수배
◎ 골프투어 상품개발을 위한 안정적 골프 부킹(또는 거래처 임원 접대를 위한 부킹)
◎ 일본 수행여행단의 대형버스 주차장(15~20대)확보 등

그야말로 수배부장이 할 일이 대부분이었다. 요구사항 중에는 협의관련 대상자가 적어 비교적 해결이 쉬운 것이 있는 반면, 외국학생의 홈스테이 희망의 경우, 여러 가정을 확보해야 가능한 홈스테이 대상 가정 선정이나 외국 학생 수학 여행단의 국내 학교와의 교류회(交流會) 알선 요구 같은 경우 대상학교 뿐만 아니라 학부모의 의견까지가 반영되어야 하는 등 시간도 걸리고 타결내용도 쉽지 않은 것도 많았다. 또 그들 요구 중에는 해당기관이나 단체에 차마 이야기 꺼내기가 민망스러운 것도 있어 난처할 때도 있다.

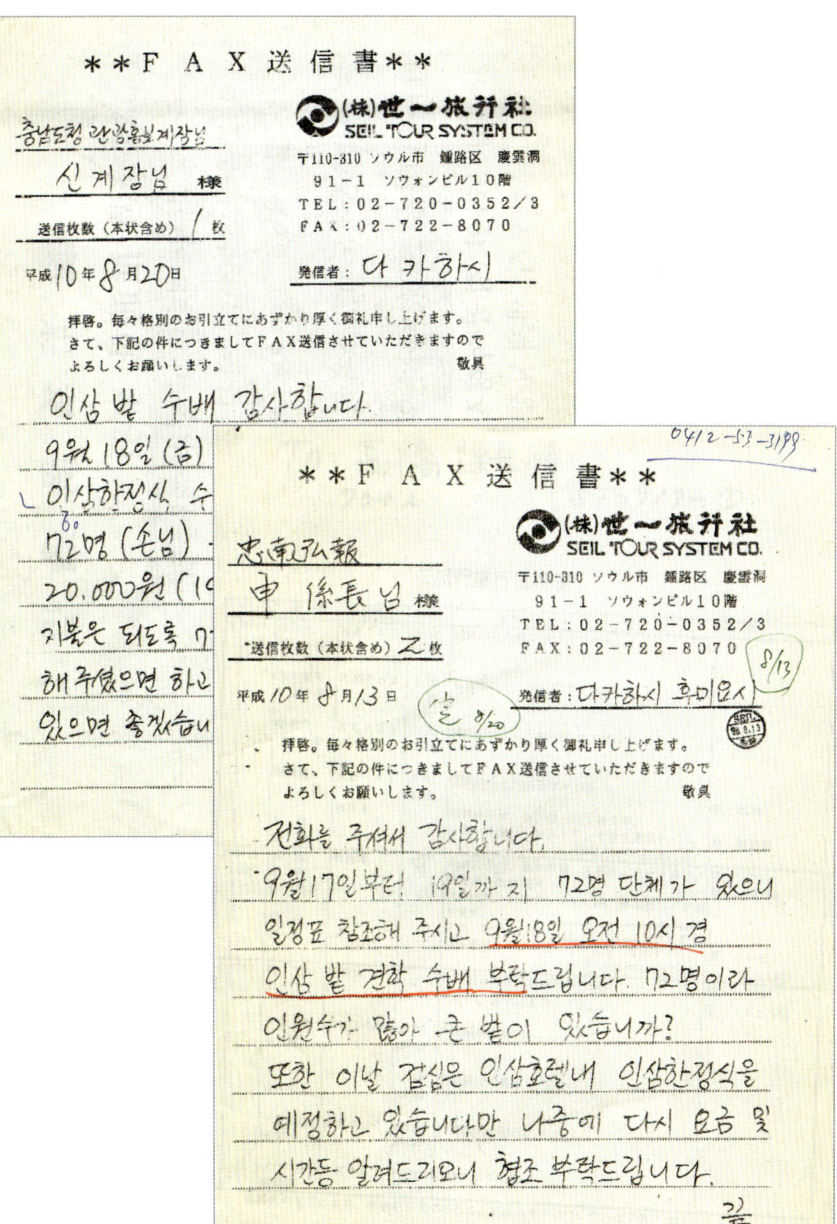

＊＊FAX送信書＊＊

(株)世一旅行社
SEIL TOUR SYSTEM CO.
〒110-310 ソウル市 鍾路区 慶雲洞
91−1 ソウォンビル10階
TEL：02−720−0352／3
FAX：02−722−8070

충남도청 관광홍보계장님
신 계장님 様

送信枚数（本状含め）1 枚

平成 10 年 8 月 20 日

発信者：다카하시

拝啓。毎々格別のお引立てにあずかり厚く御礼申し上げます。
さて、下記の件につきましてFAX送信させていただきますので
よろしくお願いします。 敬具

인삼 밭 수배 감사합니다.
9월 18일 (금)
인삼한정식 ...
72명 (손님) ...
20,000원 (1...
지불은 되도록 ...
해 주셨으면 하고
있으면 좋겠습니...

0412-53-3199

＊＊FAX送信書＊＊

(株)世一旅行社
SEIL TOUR SYSTEM CO.
〒110-310 ソウル市 鍾路区 慶雲洞
91−1 ソウォンビル10階
TEL：02−720−0352／3
FAX：02−722−8070

忠南弘報
申 係長님 様

送信枚数（本状含め）2 枚

平成 10 年 8 月 13 日

発信者：다카하시 후미요시

拝啓。毎々格別のお引立てにあずかり厚く御礼申し上げます。
さて、下記の件につきましてFAX送信させていただきますので
よろしくお願いします。 敬具

전화를 주셔서 감사합니다.
9월 17일부터 19일까지 72명 단체가 있으니
일정표 참조해 주시고 9월 18일 오전 10시 경
인삼 밭 견학 수배 부탁드립니다. 72명이라
인원수가 많아 큰 밭이 있습니까?
또한 이날 점심은 인삼호텔내 인삼한정식을
예정하고 있습니다만 나중에 다시 요금 및
시간등 알려드리오니 협조 부탁드립니다.
끝

인삼밭 견학과 호텔 식당 예약 수배를 의뢰하는 여행사 협조문

1998년 10월 9일 金 요일 날씨 확인

1 오늘의 일과표(Time Sheet)

2 주요업무 :

3 주요업무 처리과정 흐름도〈5W2H : 무엇을, 왜, 언제, 누가, 어디서, 어떻게, 얼마나(수량)〉

4 비법(Know How) 또는 문제점 및 개선방안 :

5 새로운 아이디어(Idea) :

6 행정 QM 실천내용 :

7 1일 1칭찬(격려) :

8 MEMO

1998-NOV-06 16:02 FROM:ROTARY CO.,LTD. 02-542-0501 TO:0422203338 PAGE:01

(株)ROTARY航空旅行社
ROTARY AIR TRAVEL CO., LTD.
SIN SUNG BLDG #501, 561-31, SINSA-DONG, KANGNAM-KU, SEOUL, KOREA
TEL.(02)545-8330 FAX:(02)542-0501

'98. 11. 06.

忠清南道 観光課
弘報係長 申和容 貴下

省略하옵고.

'98年度 日本国 神奈川県의 (KANAKAWA-KEN)
向上高等学校 修学旅行団의 日程表를
別紙와 같이 FAX 送付하오니 参照하여
주시면 감사하겠읍니다.

ROTARY航空旅行社
河 ○ 男

학생총인원 472명
선생 19명
학부모 15명
일본여행사측 5명
合計 511명

골프 부킹을 의뢰하는 여행사 공문과 필자의 관련 업무수첩

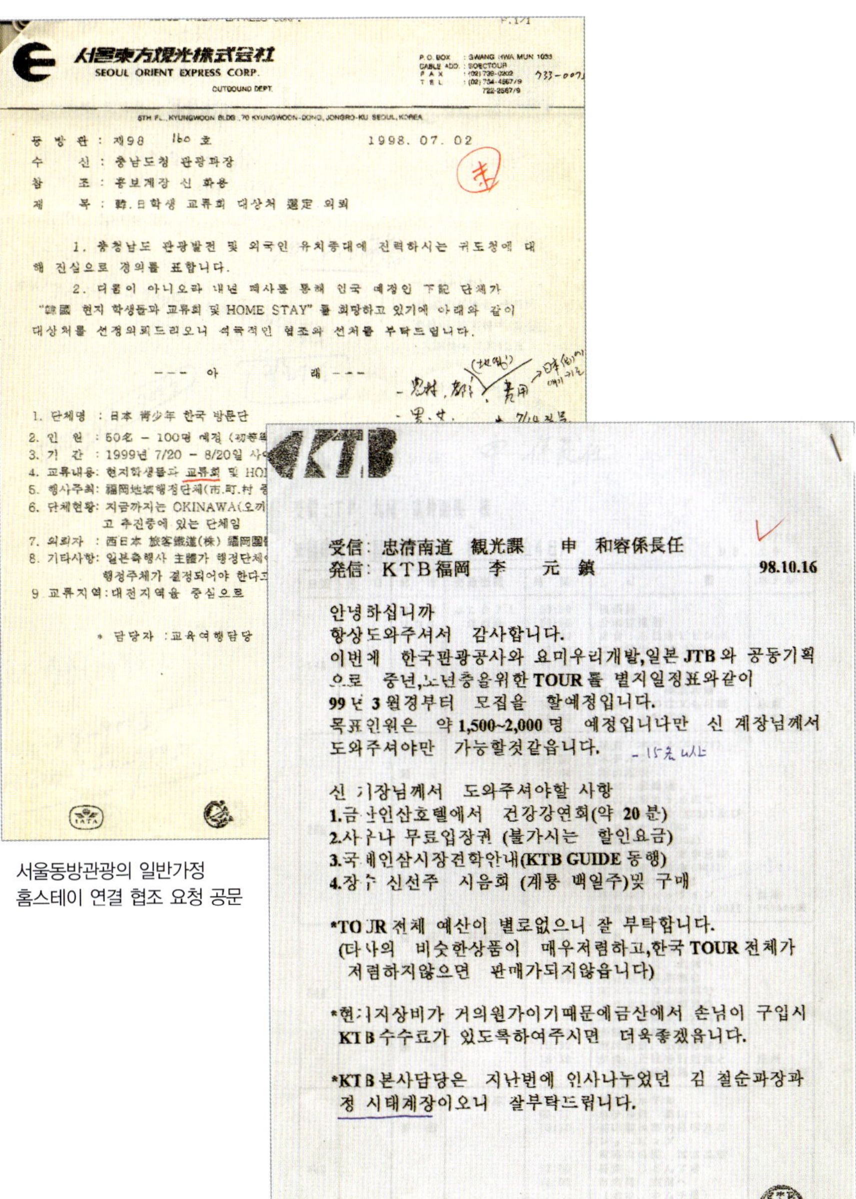

서울東方觀光株式會社
SEOUL ORIENT EXPRESS CORP.
OUTBOUND DEPT.

P.O. BOX : SWANG HWA MUN 1033
CABLE ADD. : SOECTOUR
F A X : (02) 739-0202
T E L : (02) 734-4567/9
722-2567/9

5TH FL., KYUNGWOON BLDG., 70 KYUNGWOON-DONG, JONGRO-KU SEOUL, KOREA

동 방 관 : 제98 160 호 1998. 07. 02
수 신 : 충남도청 관광과장
참 조 : 홍보계장 신 화용
제 목 : 韓.日학생 교류회 대상처 選定 의뢰

1. 충청남도 관광발전 및 외국인 유치증대에 진력하시는 귀도청에 대해 진심으로 경의를 표합니다.

2. 다름이 아니오라 내년 폐사를 통해 입국 예정인 下記 단체가 "韓國 현지 학생들과 교류회 및 HOME STAY"를 희망하고 있기에 아래와 같이 대상처를 선정의뢰드리오니 적극적인 협조와 선처를 부탁드립니다.

--- 아 래 ---

1. 단체명 : 日本 靑少年 한국 방문단
2. 인 원 : 50名 – 100명 예정 (
3. 기 간 : 1999년 7/20 – 8/20일 사
4. 교류내용: 현지학생들과 교류회 및 HO
5. 행사주최: 福岡地域행정단체(市.町.村
6. 단체현황: 지금까지는 OKINAWA(오끼
고 추진중에 있는 단체임
7. 의뢰자 : 西日本 旅客鐵道(株) 福岡
8. 기타사항: 일본측행사 主體가 행정단체
행정주체가 결정되어야 한다고
9 교류지역: 대전지역을 중심으로

* 담당자 : 교육여행담당

서울동방관광의 일반가정
홈스테이 연결 협조 요청 공문

KTB

受信: 忠淸南道 觀光課 申 和容係長任
発信: KTB福岡 李 元 鎭 98.10.16

안녕하십니까
항상도와주셔서 감사합니다.
이번에 한국관광공사와 요미우리개발,일본 JTB와 공동기획으로 중년,노년층을위한 TOUR를 별지일정표와같이 99년 3월경부터 모집을 할예정입니다.
목표인원은 약 1,500~2,000명 예정입니다만 신 계장님께서 도와주셔야만 가능할것같읍니다.

신 계장님께서 도와주셔야할 사항
1.금산인삼호텔에서 건강강연회(약 20분)
2.사우나 무료입장권 (불가시는 할인요금)
3.국제인삼시장견학안내(KTB GUIDE 동행)
4.장수 신선주 시음회 (계룡 백일주)및 구매

*TOUR전체 예산이 별로없으니 잘 부탁합니다.
(다나의 비슷한상품이 매우저렴하고,한국 TOUR 전체가 저렴하지않으면 판매가되지않읍니다)

*현지지상비가 거의원가이기때문에금산에서 손님이 구입시 KTB수수료가 있도록하여주시면 더욱좋겠읍니다.

*KTB본사담당은 지난번에 인사나누었던 김 철순과장과 정 시태계장이오니 잘부탁드립니다.

대한여행사의 일본수학여행 진행 협조 요청 공문

忠清南道 觀光課 弘報係長 貴下

갑작스럽게 편지를 드리게되어 죄송합니다. 저는 일본의 群馬縣(군마현)의 山間部에 있는 전학생수 200여명, 선생님 30명 정도의 고등학교의 교장입니다.

다름이 아니오라 群馬縣에서는 금년부터 縣立(公立)高等學校의 해외수학여행이 허가되었습니다. 저희들은 이런 취지를 보다먼저 인식하여, 귀국을 여행지로 선택하고, 그 역사적 관련성과 인접국으로서의 우호관계를 중요하게 보고, 수학여행 실시를 위한 준비를 진행해왔습니다.

저희들은 이런 수학여행을 계기로하여 장래가 촉망되는 젊은 학생들이 貴國의 이해를 넓힐수 있는 교류가 이루어지를 念願하고 있습니다. 특히 이번 수학여행의 핵심은 귀국의 同世代의 학생과 직접교류하고, 서로의 이해와 우호가 증진될수 있기를 희망합니다. 그렇지만 저희들로서는 처음 실시하는 일이며, 귀국을 충분히 알고있다고 말할 수 없습니다. 따라서 교류회 학교를 어떻게 선택하여 결정하면 좋을지 사실상 모르는 상태입니다.

이러한 연유에서 교류회 학교를 선정하는 것에대해서 忠南道廳의 도움을 받을수 있으면 진심으로 고맙겠습니다. 잘 부탁드리겠습니다.

본교가 위치하고 있는 群馬縣 嬬戀(쯔마고이)村은 고랭지배추의 산지로서 일본 제일의 품질을 자랑하고 있습니다. 또한 마을 전체가 스케이트경기진흥에 전력을 기울이고 있습니다. 본교의 졸업생중에서 스피드스케이트의 올림픽선수로서 지금까지 4명의 선수를 배출하였으며, 메달리스트도 나왔습니다. 올해 2월에 열린 長野(나가노)올림픽에서도 졸업생인 黒岩敏幸선수가 500m 경기에 출전했습니다.

수학여행을 계획하고있는 2학년 학생은 70명으로서 인솔선생님은 저를 포함하여 6-7명 정도로 예상하고 있습니다. 貴國의 학생들에 비해 영어실력도 떨어지고, 물론 한글은 전혀 모른다고 해도 좋을정도입니다. 따라서, 교류회가 잘 진행될지 걱정인 점도 있습니다만, 여러분의 협조와, 젊은이다운 순수함으로 좋은 기회가 되리라고 기대하고 있습니다.

갑작스런 부탁으로 면목이 없습니다만, 협조하여 주시면 진심으로 감사하겠습니다.

1998년 5월 15일

群馬縣立嬬戀高等學校

校長 平田 四郎

일본의 한 고등학교 교장 명의의 교류회 알선 요청 서한

일본 수학여행단 유치, 교류회가 필수조건

1998년 9월경의 일이다. 전년도부터 윤봉길 의사 · 충무공 유적지 등의 순례에 나서던 일본의 일 · 조우호협회(日朝友好協會)라는 단체가 네 번째 한국에 들어오기로 돼 있었다.

이번에는 독립기념관을 방문하고, 요시다 히로너리 회장 일행이 독립기념관장을 면담하고자하니 그것을 주선해 달라고 요청해 왔다. 그런데 문제는 방문 날짜가 일요일인 것이다.

그러면 타 기관의 기관장을 일요일에 근무하라는 거나 마찬가지였기에 결례라서 해주기 곤란하다고 했더니, 그 요구를 했던 S여행사측에서는 자기들이 이야기 해봤자 안될 것이 분명하니 필자보고 해결해달라고 통사정했다. 그 면담 약속이 안 잡히면 해당 상품자체가 깨질지 모른다고도 했다.

1 중앙도청
관광홍보계
신화봉 계장님

1988. 9. 1

세방여행
유 재 경
(Tel 02-335-0011)

협조의뢰 건

전략
유선상 말씀드린 건입니다. (일정, 명단, 설명표, 참가자 LIST)
9/13(화) 16:00 경 독립기념관 견학시 단체 인솔자인 YOSHIDA 씨 외 4-5명이 독립기념관 관장님을 찾아 뵙고 인사를 드리고 싶어하고 있읍니다.
일전은 휴일이고 하여 불가함을 연락하였으나 재차 의뢰가 있어 무례스럽게 되었읍니다.
관장님을 뵐수 있게 도와주시면 감사하겠읍니다.
(당사에서 알선이 불가시에는 재일 한국대사관을 통하여 의뢰하겠다고 합니다)
감사합니다.

PS: 기념관 견학시 차량이 안쪽 주차장에 갈 수 있게 선처하여 주시길 바랍니다.
안내원 성명: 홍 은호

세방여행사 독립기념관장 면담협조 서한

그래서 필자는 적극 타결해주는 쪽으로 마음을 고쳐먹었다.

그런 기회에 한국의 독립기념관장으로서 그런 활동을 하는 일본인들에게 꼭 하고 싶은 이야기가 있을 수 도 있겠고, 그들에게 바른 역사관을 심어 줄 수 있는 좋은 기회가 될 수도 있지 않겠느냐며 조심스럽게 접근하여 타결해 준 일도 있다.

이야기가 조금 빗나갔지만 홈스테이 대상 가정 선정요구나 학교 간에 교류회 알선요구는 좀 까다로운 요구이나, 필자 입장에서는 반드시 해결해주어야 하는 아주 중요한 의미가 있는 요구였다. 그것은 필자가 일본학생 수학여행 현장과 여행사 방문 등을 통해서 깨달은 중요한 사실 중 하나가 일본 수학여행단 유치를 위해서는 한·일 학교 간 교류회가 필수적이라는 것이었다. 이 사실은 일본 수학여행단을 유치하고자 하는 사람들에게는 매우 중요한 핵심 정보다.

당시만 해도 일본의 전체 중·고등학교가 해외수학여행을 실시하는 것이 아니었다. 사립 고등학교에서 먼저 시작해서 공립 고등학교로 확대되어 1996년의 경우 238개교 정도가 해외수학여행을 실시하는 정도였다. 또 그러한 흐름이 고등학교 중심에서 중학교로 점차 확대되는 추세였다. 또 해외수학여행 허용지역도 1도 1부, 30현, 4市로서 약 61%지역만 허용하는 형편이었다.

그러나 다행인 것은 1996년의 경우 전체 일본인 해외수학여행학생(136,965명)중 43,837명인 33.2%가 한국을 찾아와 한국이 수학여행 최대시장이었다. 이렇다 보니 일본 관련 학교에서는 해외로 수학여행을 가기위해서는 명분 있는 일정이 필요했고 이를 위한 좋은 명분이 바로 한·일 학교간 학생교류회였다.

즉, "교류회 1건 성사 = 일본 수학여행단 1개교 유치성사"라는 등식이 성립되는 것이다. 보통 일본 수학여행단의 경우 400~700 여명이라는 큰 인원이다보니 한 번에 대규모 관광객을 유치할 수 있다. 그래서 그런 요구가 들어오면 어떤 방법을 통해서라도 해결해 주려고 관련 학교를 직접 뛰어다니며 요구한 내용을 모두 성사시켰다.

최근에는 일본수학여행 시장도 많이 변한 것 같다. 당시만 해도 한국이 최고 선호지역이었는데 언제부턴가 그 자리를 호주에 넘겨주었다.

그 이유는 전 세계에 영어 열풍이 불다 보니 자연스럽게 호주가 1위로 부상 하게 된 것이다. 또한 규모면에서도 많은 변화가 있었는데, 그 당시에는 대부분 전 학교, 전 학년이 집단으로 한 지역으로 수학여행을 떠나던 방식에서 최근에는 행선지의 다양화 및 소 그룹화 경향이 뚜렷하다. 같은 학교에서도 여러 그룹으로 행선지를 달리하는 추세다. 그런 반면에 그 당시에도 중요시 하던 교류회의 경우, 그 중요성이 더욱 증대되어 도쿄 관내 공립학교의 경우, 해외 방문지 학교와의 교류회 실시 여부가 필수조건일 정도이다.

아직도 해외 수학여행을 불허하는 지역이 있는데, 아이치현 · 교토부 · 효고현 등 일부지역은 초 · 중학교 해외여행을 불허하고, 나고야는 고등학교까지도 불허한다.

도청의 일 개 계장이 그 많은 다양한 여행사의 요구를 어떻게 다 해결해 줄 수 있었을까? 지금에 생각해보면 해결해 줄 수 있다는 긍정적 사고의 힘이었고 반드시 해결해주어야 한다는 사명의식 같은 것이 힘의 원천이었던 것 같다.

"나의 일이다!"

나의 생사가 달린 일이라는 절박한 심정으로 반드시 해결해 주어야겠다는 마음만 있으면 해결이 가능했다. 사적인 차원이 아닌 공적인 일이였기에 당당하고 떳떳하게 관계자 · 관계기관에 요구할 수 있었다.

내가 모두 해결해주겠다고 여행사들에게 공언해 놓고 그 약속을 지키지 못해 신뢰가 무너진다면 지금까지 공들여 노력한 것들이 모두다 공염불이 되는 것이 아니겠는가? 무신불립(無信不立), 믿음이 무너지면 설 수 없게 되는 것 아니겠는가? 이제 겨우 바듯이 섰는데 말이다. 그런 노력의 결과 1996년에 충남을 찾은 일본수학여행단은 8개교에 1,330명이던 것이 2000년에는 30여개 교 6,000여명으로 괄목할 정도의 눈부신 성장을 거둘 수 있었다.

그도 그럴 수밖에 없는 것이 한 · 일 양 학교 간에 교류회를 여행사가 독자적으로 나서서 타결한다는 것이 쉬운 일이 아니다보니 열심히 뛴 우리가 더 좋은 성과를 거둘 수 있었다. 무엇보다도 타 시 · 도에서 충남처럼 열성적으로 뛰는 곳이 없다보니, 충남으로의 유치가 증가할 수밖에 없었다.

그러한 불가능에 가까운 일을 필자가 해결해 주니 필자 주변에는 수학여행을 전담하는 여행사들이 모여들기 마련이었고 필자는 알선 요구를 적극적으로 수용해 타결해 주는데 전력을 다했다.

그런데 이 교류회(交流會)라는 것이 생각처럼 그리 쉽지는 않았다. 교류회가 성립되기 위해서는 원하는 생대 일본학교의 현황을 먼저 받아서 그 학교와 역사 · 규모 · 학교전통과 인문 · 실업계열 등의 상세 정보를 파악하고 그에 맞는 한국 측 학교를 물색해야 했다.

설사 찾았다 해도 언어도 잘 통하지 않고 처음 시도하는 일이라 교직 분야의 보수적 특성 상 선뜻 나서지도 않을뿐더러, 설사 학교장이 추진 의지가 있더라도 학습 지장을 염려하는 학부모들의 반대가 있으면 성사가 어려웠다. 양교를 중매하는 일인데 중매가 그리 쉽겠는가?

학부모들이 학습지장을 염려하는 것에 대해서도 다소 이해가 가는 것이 교류회 진행프로그램 중에는 간단한 작품발표가 수반하기 때문에 그에 따른 시간을 빼앗기는데에 대한 염려이기 때문이다.

한 · 일 학생 간 교류회에 대해 일본 학생들이 어떻게 생각하는지에 대해서는 수학여행을 마치고 돌아가서 쓴 기행문을 통해서 잘 알 수 있다.

당시 나라고등학교 2학년생인 마사하키는 말했다.

"한국 고등학생들은 우리들 일본인에 대해 어떻게 생각하고 있는 것일까? 이런 생각 중에 뇌리를 스치고 지나간 것은 수업을 통해 배운 식민지배시대의 사실이었다."

또 하치노헤 유카리 학생은 이렇게 기록했다.

"4박 5일의 한국 수학여행 내내 내 가슴 속은 기대감보다는 불안감으로 가득했다. 사전학습을 통해 한국과 일본의 어두운 역사가 현재도 커다란 그림자를 드리우고 곳곳에 흉터를 남기고 있는 것을 알았다 (중략) 한국의 젊은 사람 중에는 실제로 전쟁을 경험한 조부모의 영향으로 강한 반일감정을 갖고 있는 사람도 있다는 이야기를 몇 번이나 들었기 때문에 교류회에서 교류가 잘되지 않으면 어떻게 하나 하고 두려웠다."

○ 일본 해외 수학여행 관련 자료

(단위 : 일)

목적지	공립고교	사립고교	중학교	평균일수
한국	4.4	5.1	3.8	4.4
중국	5.1	6.3	5.0	5.5
호주	8.3	9.0	15.9	11.1
미국	10.0	11.9	9.8	10.6
아시아	5.1	5.6	–	5.4

*일본수학여행협회자료 인용

일본 중고생 수학여행 기간

중학교

사립고교

공립고교

나. 지역별 방한 수학여행 현황

(상단 : 학교수, 하단 : 방한인원)

구 분	'92	'93	'94	'95	'96	'97	합 계	점유율
홋카이도	2	2	2	5	7	9	27	
(北海道)	964	848	907	1,695	1,873	1,729	8,016	3.4%
토호쿠	9	11	10	17	33	24	104	
(東北)	1,998	1,989	2,070	3,384	4,529	3,100	17,070	7.2%
간토	15	12	12	12	11	9	71	
(關東)	5,007	4,671	5,441	5,019	3,399	2,926	26,463	11.2%
츄부	17	23	36	41	44	42	203	
(中部)	3,617	5,274	6,652	7,647	7,962	6,538	37,690	15.9%
긴키	22	22	21	22	24	32	143	
(近畿)	6,085	6,059	5,071	6,216	5,108	6,768	35,307	14.9%
츄고쿠	31	32	35	49	48	45	240	
(中國)	5,146	5,146	6,037	6,524	6,956	7,171	36,980	15.6%
시코쿠	5	6	9	18	23	25	86	
(四國)	1,721	1,831	1,946	2,592	3,153	3,066	14,309	6.0%
큐슈	46	35	39	45	53	59	277	
(九州)	12,966	8,555	8,385	9,249	10,981	10,735	60,871	25.7%
합	147	143	164	209	243	245	1,151	
계	37,504	34,373	36,509	42,326	43,961	42,033	236,706	100.0%

* 일본수학여행협회자료 인용

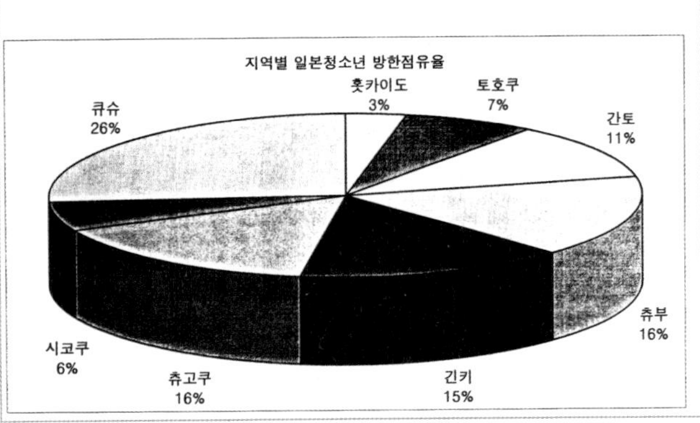

일본 지역별 방한 수학여행 현황 및 목적지별 평균 체재일수

일본의 각 현별 공립학교의 해외수학여행 실시기준

일본 해외수학여행 실시기준[공립고교]

'97년 10월현재

구분	都道府縣名	기 간	여 비	여행목적지	기타	비 고
1	北海道	4박5일이내	필요최소비용	한국	도쿄경유항공노선불가	96년부터허가
2	靑森縣	5박6일이내	규정없슴	규정없슴	현교육위와 사전협의	
3	岩手縣				출발예정일 1년전 승인요청	97년부터허가
4	宮城縣	4박5일이내	국내여비 ¥77,500의 130%	한국등 인접국	실시전년 9.30이전 승인요청	
5	秋田縣	5박6일이내	보호자 부담 경감	규정없슴	출발예정일 1년전 승인요청	
6	山形縣	4박5일이내	보호자 부담 경감	규정없슴	현교육위와 사전협의	96년부터허가
7	福島縣	4박5일이내	보호자부담경감	한국등 인접국	10개월전 승인요청	97년부터허가
8	茨城縣	··········해외 수학여행 불가··········				
9	도치기縣	··········해외 수학여행 불가··········				
10	群馬縣	144시간이내	규정없슴	인접아시아권국가		97년부터허가
11	埼玉縣	··········해외 수학여행 불가··········				
12	千葉縣	··········해외 수학여행 불가··········				
13	東京都	··········해외 수학여행 불가··········				
14	神奈川縣	··········해외 수학여행 불가··········				
15	新潟縣	4박5일이내	보호자부담경감	한국에 제한	항공기 니가타공항이용원칙	실시1년전 협의
16	富山縣	규정없슴	규정없슴	규정없슴	현교육위와 사전협의	
17	石川縣	4박5일이내	필요최소			
18	福井縣	110시간이내	필요최소			
19	山梨縣	5박6일이내	보호자부			
20	長野縣					
21	岐阜縣					
22	靜岡縣	4박5일이내	국내여비			
23	愛知縣					
24	三重縣					
25	滋賀縣	4박5일이내	국내여비			
26	京都府					
27	大阪府	4박5일이내	보호자부			
28	兵庫縣					
29	奈良縣	4박5일이내	70,000엔			
30	和歌山縣	4박5일이내				
31	鳥取縣	5박6일이내	보호자부담경감	한국.중국등 인접국	실시 1년전 협의	
32	島根縣				현교위 사전협의	
33	岡山縣	5박6일이내	보호자부담경감	규정없슴		
34	廣島縣	3박4일이내	63,000엔 정도	규정없슴	전년도 7월말까지 제출	
35	山口縣	110시간이내	78,000엔 이내	규정없슴		
36	德島縣	4박5일이내	100,000엔 이내	한국.중국.대만	실시 1년전 사전협의	
37	香川縣	4박5일이내	보호자부담경감	규정없슴		
38	愛媛縣		보호자부담경감	한국 등 인접국		
39	高知縣	5박6일이내	보호자부담경감	규정없슴	현교육위와 사전협의	96년부터허가
40	福岡縣	5박6일이내	별도협의	환태평양 지역 원칙	남북아메리카 제외	
41	佐賀縣	5박6일이내	80,000엔 이내	한국.중국.동남아		
42	長崎縣	5박6일이내	78,000엔 이내	한국. 중국		
43	熊本縣	5박6일이내	85,000엔 정도	한국.중국		
44	大分縣	5박6일이내	보호자 부담 경감	한국		
45	宮崎縣	6박7일이내	보호자부담경감	규정없슴	실시조건을 충족한 경우 승인	
46	鹿兒島縣	6박7일이내	90,000엔 이내	규정없슴		
47	沖繩縣	6박7일이내	규정없슴	규정없슴		
1	札幌市	··········해외 수학여행 불가··········				
2	仙台市	4박5일이내	필요최소비용	규정없슴	시 교육위원회 사전협의	96년부터허가
3	千葉市	··········해외 수학여행 불가··········				
4	川崎市	··········해외 수학여행 불가··········				
5	横浜市	··········해외 수학여행 불가··········				
6	名古屋市	··········해외 수학여행 불가··········				
7	京都市				학과 특성 활용시 승인	
8	大阪市	··········해외 수학여행 불가··········				
9	神戶市	105시간이내	필요최소비용	규정없슴	실시 1년전 시교위 협의	
10	廣島市	··········해외 수학여행 불가··········				
11	北九州市	··········해외 수학여행 불가··········				
12	福岡市	5박6일이내	77,000엔 이내	규정없슴		

* 1都 1道 2府 44縣 12政令指定市 중
  1道 1府 34縣 4政令指定市(68%)가 해외수학여행을 허가

公務員명인열전

일본 수학여행단 30개교 6,000여명 충남으로 유치한

신화용

충청남도 관광홍보계장

이 은 철/르포라이터

얼마 전 목천의 독립기념관에 들렀던 적이 있었다. 1관부터 이것 저것 보고 지나다 4관쯤 되었을까? 우리 나라 학생들 같지는 않은 한 무리의 남·녀 학생들이 인솔자로부터 무엇인가 열심히 듣고 있었다. 가까이 가보니 처음의 느낌처럼 역시 일본인 학생들이다. 그런데 일본 학생들은 4관 뿐만 아니라 5관, 6관에서도 만날 수 있었다. 독립기념관에서 마주친 일본 학생들과의 만남은 분명 한편 당황스럽고, 의아스러운 장면이었다. 물론 그들은 가해자의 입장이었기에 우리들이 독립기념관에서 느끼는 우리의 비장한 감정과는 저들의 생각이 많이 다를 수 있고, 일본 젊은 세대들이 지닌 자신들의 과거 역사에 대한 가벼운 인식 때문이리라는 나름의 생각도 해보았지만, 그래도 일본 학생들이 찾은 독립기념관의 모습은 여전히 어색하고, 쉬 이해가 되지 않는 풍경이었다.

무슨 생각을 하는 것인지 전시실을 둘러보면서 계속 웃고 재잘거리던 일본인 학생들… 그리고 그 의아스러움은 며칠 후, 충남 부여 능산리 고분에서 신화용 계장을 만났을 때까지 계속되었다.

충청남도 관광홍보계 신화용 계장(52).70년 서천군 비인 면사무소에서 시작한 공무원 생활이 공주시청과 도청 등을 거쳐 어느덧 28년이 되었다. 그러다보니 근무지를 옮길 때마다 안해 본 일이 없게 되었지만 97년 2월, 관광홍보계로의 전보는 그 어느 일보다 낯설고 어색하기만 했다. 그러나 관광홍보계로의 전보는 신화용 계장에게 지금까지와는 아주 색다른 새로운 열정과 삶을 가져다 주었다.

"관광이라는 것, 홍보라는 것도 전혀 몰랐지만, 부서가 신설된 것이라 앞선 무엇을 보고 배울 기회도 없었습니다. 그저 유명하다는 교수님들의 논문들을 뒤지면서 공부할 수밖에 없었습니다"

그러나 어려운 논문들은 현실적으로 적용시키기가 어려웠다. 그는 직접 몸으로 부딪치며 문제를 풀어가기로 했다.

신화용 계장은 우선 관광사업을 내국인

81

"일본 수학여행단 30개교 6,000여 명 충남으로 유치한 신화용 충청남도 관광홍보계장"을 타이틀로 삼은 한 잡지 기사

위와 같이 일본 학생들이 두려움을 갖고 시작했으나 막상 만나서 교류회를 무사히 끝나고 나서는 한국학생들이 아주 친절하게 대해 주어서 그런 걱정이 순식간에 해소되었다고 적은 것을 본 일이 있다.

그런데 희한한 것은 언어도 잘 통하지 않는 학생들끼리 손짓·발짓·영어 등을 다 동원해 두 어 시간 교류회를 갖고 헤어질 때는 헤어지기를 아쉬워하면서 눈물을 흘리는 학생들이 상당수였다. 그런 것을 보면 마음으로, 표정으로 모든 의사가 다 통하는 모양이다. 하긴 이런 현상이 어린 학생들에게만 일어나는 것 같지 않았다.

수요에 맞춰주는 것이 관광

필자가 외국에서 온 원어민 교사들을 도내 관광지를 안내 한일이 있는데 불과 1~2일 기간인데도 헤어질 때는 눈물을 보이며 아쉬워하는 것을 보면서 사람은 아이나 어른이나 감정의 기저는 크게 다르지 않은 모양이다.

이런 과정을 거치다보니 서울 등 여행 · 관광업계에서는 충남도의 노력이 화제가 되었고, 충남 신화용 계장과 협의하면 다 해결해 준다는 소문도 날도 퍼져나갔다. 그렇게 될 수록 여행사마다 충남을 포함하는 여행상품개발이 획기적으로 증가하는 현상이 나타났고 이는 곧 외국인 관광객 유치 실적으로 쌓여졌다.

이런 단계에 이르니 필자에게는 또 다른 욕심이 생겼다.

일본현지에 직접 뛰어들어 충남을 알리고 충남을 심는 활동을 병행하면서 유치활동을 벌이면 훨씬 효과적일 것이라는 생각이 들었다. 그래서 시작한 것이 일본여행사가 충남상품을 개발하는데 필요한 실질적 정보를 담은 홍보물을 제작해서 일본현지 300여개 대형여행사에 뿌리는 작업이었다.

일본인에게 충청남도의 경쟁력이라고 생각되는 금산인삼과 보령머드를 소재로 한 체험위주의 '건강 · 미용체험' 상품과 일본인 마음의 고향인 '백제 문화역사 탐방' 상품, 그리고 수학여행 · 골프관광 상품 등을 중점적으로 담아 제작했다.

제작과정에 있어서도 일본 전문여행사 직원, 한국관광공사 일본부 직원과 필자가 한 자리에 모여 수차례 논의를 거쳐 만들었다. 이로써 일본의 관광업계 일선에서 활약하는 일본여행사 직원이 일본 사무실에 앉아서 한국상품을 개발 · 송객 하는데 필요한 실질적 정보(소재지 · 입장료 · 개관시간 · 휴관일 · 숙박료 식당메뉴 및 가격 의문시 물어볼 수 있는 전화번호 등)를 모두 수록했다. 이를 통해 이 홍보책자를 통해서 여행비용을 손쉽게 산정하고 왕복 항공료만 플러스하면 한국여행비용 견적이 나올 수 있도록 역량을 다해 제작했다.

이 홍보물의 제작은 충청남도 개청 100여년 역사 이래 일본여행사에 배포하기 위해 만든 첫 번째 일본여행사 전용 홍보물이라는 역사적 의미를 지닌 일이었다. 아마도 당시 지자체들 입장에서는 외국인 관광객 유치 의식이나 개념이 거의 없던 시절이었던 점을 감안하면 전국 최초(?)가 아닐까?

아울러 1998년 2월부터는 센다이 · 나고야 · 동경 · 오사카 · 후쿠오카 등 5개 지역을 방문해서 현지관광 설명회를 갖고 관광 충남을 파는데 진력했다.

이때 동경 설명회 때 만난 여행업자 중에 지금도 가끔 생각나는 사람이 있는데 도쿄시 토요지마구(東京都 豊島區)에 위치한 자팡 고무쯔 리스토사 기획실장직을 맡고 있는 야쯔몬지 실장이다.

이 여행사는 아주 옛날 도자기를 굽던 도요지 순례라던가, 백제역사 탐방이라든가, 특정테마 중심의 상품을 운용하는 회사였다. 그는 관광객을 모객, 한국에 들어올 때마다 필자에게 여행 일정 등을 정성들여 쓴 편지와 함께 사전에 보내주는 성의를 보여줬다. 또한 올 때마다 정성껏 포장한 쌀 과자를 가져와 선물(별로 맛은 없었지만)하는 정성도 잊지 않았다.

필자도 그들의 한국여행 일정 중에 하루를 합류해서 안내도 해주고 홍보물과 기념품을 전해주는 등 성의를 다해 답례하는 등의 교류를 가지면서 일본에 관한 생생하고 유익한 정보를 얻을 수 있었다. 훗날 이는 일본 관광객 유치에 커다란 보탬이 되었다.

또 일본 언론사 기자와 여행사 여행상품담당자를 초청해서 현지 답사안내를 통해 충남 여행상품개발과 홍보를 촉진하기 위한 활동도 병행했다. 또 한국관광공사와 합동으로 수학여행 유치를 위해 일본의 교사, 교육청 관계자 등을 초청해서 부여 · 공주 등을 답사시키면서 백제 역사 문화 유적과 독립기념관이 수학여행코스에 포함되도록 하는 등 최선을 다했다.

이 때 필자가 주력했던 것은 충남 단독으로 해외여행사 상품개발담당자나 언론사 기자, 수학여행관련 교직자 등을 초청해서 현장답사 등 설명회를 갖는다는 것이 해외정보나 예산 사정 등의 제약요인이 있어 한국관광공사와 합동으로 추진하여 효과를 극대화 하는 일이었다. 지금도 생각나는 것은 독립기념관을 일본 수학여행 코스에 넣자는 것에 여러 이견이 있었으나 필자가 주장해서 관철한바 있는데 지금도 한국관광공사 K차장을 만나면 그때 신계장님의 독립기념관 코스 포함 주장 덕에 일본수학여행코스가 된 것이 참 잘 한 일 같다고 회고한다.

필자는 일본 수학여행단이나 일본인 관광객을 안내할 때마다 독립기념관의 일본어 설명 아가씨에게 당부하는 것이 있었는데, 일본인이 우리민족을 고문하고 학대하는 전시관을 설명하면서 감정을 섞지 말고 책 읽듯이 담담하게 설명하라고 주문했다. 그것은 우리가 관광객을 유치해 놓고 손님에게 할 수 있는 최소한의 예의를 갖추는 것이라고 여겼기 때문이다.

인간은 뭐니 뭐니 해도 누구나 기본양심은 다 가지고 있는 것 같다. 필자가 1998년 6월 오끼나와현의 코우끼 마시루(辛喜膳) 현 의원과 그의 후원회원 30여명을 유치해서 독립기념관을 안내한 일이 있었다. 그들이 독립기념관을 두루 관람하고 겨레의 집에 당도했을 때 자기들끼리 서로 당신이 하라고 멈칫 멈칫 미루다가 그 중 한사람이 먼저 기도를 시작하니 일행이 일제히 따라서 기도하는 것을 보면서 양심에 켕기기는 켕기는 모양이구나! 라고 생각한 적이 있다.

관광 설명회 등 행사를 진행하면서 가장 중점을 두는 것은 행사 참가자에게 어떤 감동 같은 것을 느낄 수 있도록 모든 역량과 지혜를 다 동원하는 것이다.

하지만 관광객 유치라는 행사 본연의 목적 못지않게 신경을 쓰는 것이 있는데 그것은 식사메뉴에 대한 설명과 그때 곁들이는 반주(술) 홍보에 많은 신경을 쓴다. 반주는 일본인이나 중국인의 경우 인삼주를 주로 쓰게 되는데, 그러한 측면이 대상에 따라서는 많은 관심의 대상이 되는 것을 보았기 때문이다.

앞서 설명한 일본교사 등 수학여행자 초청 관련 행사 때의 일이다.

이 날도 만찬에 인삼주에 대한 설명이 곁들어졌다. 만찬이 끝나 파할 무렵 몇 몇의 교사들이 자리에서 일어서면서도 황급히 술잔에 남은 술을 다 비우고 일어서는 것을 보면서 반주에 대한 설명이 효과가 있나보다 라는 생각이 들었다.

또 한 번 확실한 효과를 확인하는 자리가 있었다.

충남 홍보를 위해 1999년 10월 일본 유력 일간지 요미우리신문 코이시가와 아키코(小石川晶子) 등 여기자 등 25명을 취재 안내한 적이 있었다.

이 행사에서도 만찬에 금산 인삼주가 올라왔고 만찬 전에 인삼주에 대한 홍보성 설명을 했는데 식사 중 여자인데도 9잔을 마시는 기자도 있었다. 인삼백주 맛을 본 기자들이 "맛있다!" "독특하다!"면서 "이를 살 수 없느냐?"는 것이었다.

즉석에서 희망구매량을 파악해보니 58병으로 집계되어 필자가 인삼주 회사에 전화를 했더니 늦은 밤이라 직원들이 다 퇴근해 지금은 갖다 줄 수가 없단다. 하는 수 없이 다음날 숙소인 리베라 호텔로 일행이 출발하기 전

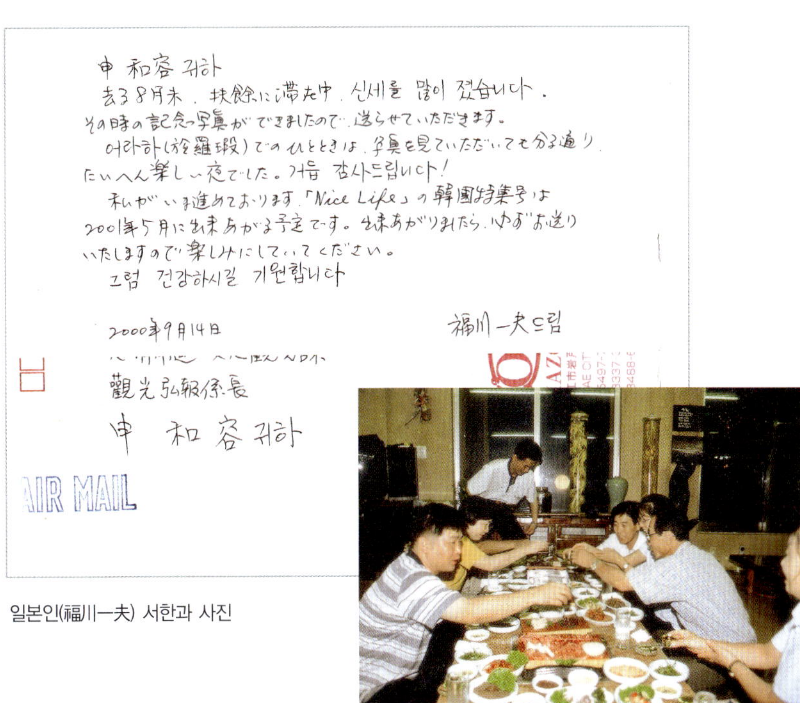

申 和容 귀하
去る8月末、扶餘に滞在中、신세를 많이 졌습니다.
その時の記念写真ができましたので、送らせていただきます。
어라하(於羅瑕)でのひとときは、写真を見ていただいても分る通り
たいへん楽しい夜でした。거듭 감사드립니다!
私がいま進めております「Nice Life」の韓國特集号は
2001年5月に出来あがる予定です。出来あがりましたら、必ずお送り
いたしますので楽しみにしていてください。
그럼 건강하시길 기원합니다

2000年9月14日　福川一夫 드림

觀光弘報係長
申 和容 귀하

AIR MAIL

일본인(福川一夫) 서한과 사진

까지 가져와 팔아준 일이 있다.

이런 기회가 되다보니 백제에 대해 일본인이 어떤 생각을 갖고 있는 가 궁금해서 백제 문화가 일본에 끼친 영향에 대한 질문을 했더니 동경신문 타카하시 하루코(高橋治子)기자는 일본 법륭사의 다카마스고분이 백제 영향을 받았고 부여박물관 전시유물이 일본 것과 공통점이 많다고 말했다. 그리고 부여 농촌 풍경이 낯익고 친근감이 느껴진다고 백제역사의 영향을 받았음을 우회적으로 표현했다.

요미우리(讀賣新聞)의 코이시가와 아키코(小石川晶子)기자도 일본에 있는 국보1호인 백제관음상(미소)을 불란서백년 행사에 참석했던 시라크 대통령이 제일 걸작이라 평했다는 이야기를 전해줬다. 그리고 그 일본 미소는 다름 아닌 백제로부터 왔고 그 것은 백제인의 우수성을 웅변적으로 나타내주며 일본의 뿌리라는 점을 우회적으로 표현했다. 그 역시 분명 백제가 일본의 뿌리임은 부정하지 못하는 것 같았다.

이 행사 중에 아주 특별한 인연의 두 노인을 백마강 유람선 선상에서 만났다. 이들 두 노인은 일제시대 강경상고 동기 동창인 서울 광진구의 박용규(당시 77세) 씨와 일본 에히메현에 사는 와다(77) 씨로 지금까지도 수시 교분을 쌓아 가고 있는 관계였다. 동기생 중에 생존자는 9명, 두 노인 둘 다 홀아비로 박옹이 김치를 보내면 와다옹이 다른 반찬을 보내는 사이로 교류가 자주 있다고 했다.

아무튼 인간의 인연은 끈질긴 것 같다. 이때 동석했던 일본 기자들은 한국인들의 일본인에 대한 인식이 궁금했던지, 박옹에게 한 · 일 과거사에 대한 견해를 물었다. 그러자 박옹이 "세계는 지구촌, 정보화 시대 아니냐? 과거에 집착하는 것보다는 앞으로 친근한 관계가 되었으면 하는 것이 바람"이라고 답해 일본기자들이 아주 만족해 했다.

일본인 관광객 유치를 하면서 지금도 기억에 생생하게 남아 있는 사람이 또 있는데 서울 종로에 있는 S여행사의 일본인 다카하시 후미요시 과장이다.

다카하시 과장은 일본인의 한국 유치에 남다른 열정을 보였다. 그는 우리말도 아주 능숙하게 구사했는데 어떤 날은 하루에도 몇 번씩 전화를 걸어 왔고 수시로 FAX를 보내 업무적인 부탁을 해왔다. 그러다 보니 필자도 일본관련 궁금한 사항이 있으면 거리낌 없이 수시로 전화를 했고 시간제한 없이 궁금증이 해소될 때까지 전화할 수 있는 친근한 사이가 되었다. 그런 사이가 되다 보니 황당한 요구도 있었다. 일제 때 우리나라에 와서 살다가 우리나라에서 죽은 일본인들의 공동묘지가 논산에 있다고 하는데 그들의 후손들이 찾아달라니 찾아줄 수 있겠냐는 부탁이었다.

언뜻 들으면 그렇게 우리 민족에게 혹독하게 굴던 그들인데, 그들의 공동묘지가 어디에 있건 나와 무슨 상관이 있겠는가, 더구나 대한민국의 공무원인 내가 그런 일까지 해야 하는 가 등 여러 생각이 미쳤다.

그러나 그것을 찾아주면 그들의 후손이 논산을 방문할 것 아닌가. 또 사람은 다 마찬가지지 비록 그들이라도 후손으로서 조상 묘를 찾고 싶어 하는 일이 누구를 탓할 일이겠는가? 라는 생각이 들어 찾아주기로 마음먹고 백방으로 수소문하여 찾아주었더니 그들 성묘 단 50여명이 다녀간바 있다.

그 후로는 연락이 없어 모르지만(물론 위치를 알았으니 연락할 일이 없겠지만) 비단 그 한 번으로 끝나지는 않았을 게다.

방법이 없다! 외국인 유치에 지름길이 어디 있겠는가? 그들 수요에 철저히 맞춰주는 것이 확실한 방법이 아니겠는가? 이런 결론을 내려 본다.

우리가 한 발 앞서 그들의 수요에 맞춰 주는 것이 관광객 유치의 확실한 방법이 아니겠는가? 라고 말이다.

お元気で お過ごしでしようか。
去る 2月, 韓国観光説明会で 御挨拶申し あげた
大韓民国 忠清南道 観光弘報係長 申 和 容です.
いつも 御健康で, お仕事も 順調に 推進される事を
お祈り申しあげます.

この度, 私どもの道で 製作した 弘報物を お送り
しますので 有益に 活用して下さるよう お願いいた
します. 私どもの道では 修学旅行団, 人蔘とモード
(mud)を 体験する 健康美容体験観光団と, ゴルフ
観光団を 積極的に 誘致する 考えでいます.

特に ゴルフは 連絡
を 積極斡旋いたしま
その他, 疑問事項や
ましたら, 取引の あ
私どもと 協議なさる
で 連絡下されば 詳
ではまたお目にかかる
お元気で お過ごして

安寧하십니까 ?
지난 2월 韓國觀光說明會때 人事드린바 있는 大韓民國 忠淸南道 觀光弘報係長 申和容입니다.
늘 건강하시고 하시는 일도 順調롭게 잘 推進되시기를 祈願드립니다.

이번에 저희道에서 제작한 弘報物을 보내드리니 有益하게 活用하여 주시기 바랍니다.

저희道에서는 修學旅行團, 인삼과 머드를 체험하는 건강미용체험관광단과 골프관광단을 적극 유치하고자 합니다.
특히 GOLF는 연락주시면 주말부킹(booking)을 적극 주선해 드리겠습니다.

의문사항이나 協議하실 事項이 있으시면 去來하는 한국 여행사를 통해서 저와 협의하거나 FAX(042-220-3338)로 연락주시면 자세하게 답신 드리겠습니다.
안녕히 계십시오.

1998. 7. 20

충청남도 관광홍보계장 신화용 올림

1998년 7월 일본 주요 여행사 앞으로 보낸, 수학여행 · 인삼 및 머드 건강미용 체험 · 골프관광 상품을 홍보하면서 "골프는 연락주시면 주말 부킹을 적극 주선해 드리겠다!"는 신화용 계장의 서한

수학여행 · 인삼 및 머드 건강미용
체험 · 골프관광 상품 일어판 홍보물 표지

大阪日日新聞　平成10年2月19日 木曜日 大安 18日発行（日刊）

韓国旅行をどうぞ

観光関係者一行が来社

本社を表敬訪問した申和容団長（左から2人目）一行

大阪日日新聞

2月19日号（18日発行）

필자의 적극적인 일본 여행사 대상 판촉활동을 소개한 '오사카니치니치신문' 기사

1998년 8 월 25 일 火 요일　날씨　확인

1 오늘의 일과표(Time Sheet)

시 간	업 무 활 동	소요시간(분) 기획(기획)	작성(PC)	협의(협조)	검토(자문)	회의(출장)	결재	기타	시 간	업 무 활 동	소요시간(분) 기획(기획)	작성(PC)	협의(협조)	검토(자문)	회의(출장)	결재	기타
09:30 10:00									14:00 15:00								
10:00 11:00									15:00 16:00								
11:00 12:00									16:00 17:00								
13:00 14:00									17:00 18:00								
									18:00								

*기타 : 전화, 발송, 교육, 실험, 복사 등

2 주요업무 :

3 주요업무 처리과정 흐름도(5W2H : 무엇을, 왜, 언제, 누가, 어디서, 어떻게, 얼마나(수량))

4 비법(Know How) 또는 문제점 및 개선방안 :

5 새로운 아이디어(Idea) :

6 행정 QM 실천내용 :

7 1일 1칭찬(격려) :

8 MEMO

1998년 8월 25일자 필자의 업무일지. 한 일본인 지인의 "일제시대 한국에서 유명 달리한 일본인들의 공동묘지 위치를 논산 일대에서 찾아 달라!"는 요청 사항도 메모돼 있다.

白磁の人、浅川巧の足跡と韓国陶磁器・工芸と百済の旧都・扶余を訪ねる旅

1931年、浅川巧が40才の若さでこの世を去った時、柳宗悦氏（日本民芸運動の創始者・美学者）は「浅川が死んだ。取り返しのつかない損失である。あんなに朝鮮のことを内から分かっている人を私は他に知らない。」と親友の死を惜しんだ。その死から66年たった今、日韓両国にて、朝鮮の陶磁器、工芸の紹介に尽力した故浅川巧氏の業績が改めて脚光をあび高く評価されています。昨年に続き故浅川巧氏の研究者、高崎宗司氏、田中擁子氏にご同行いただき、新たな視点からご参加者の皆様に、自身の目で、肌で感じていただく旅です。現地の民芸関係者や故浅川巧氏ゆかりの方々との懇談を予定しています
又今回は我が国の飛鳥文化に大きな影響を及ぼした百済の古都公州、扶余を訪れます。

日次	都　市	現地時間	交通機関	内　容
1. 8/3 (月)	成田　空港 ソウル空港 利　川	9:20 11:20発 13:40着 19:00	JD-251 専用バス	成田国際空港第二旅客ﾀｰﾐﾅﾙ 集合 日本ｴｱｰｼｽﾃﾑ 機にて　昼食：機内 忘憂里の故浅川巧氏の墓参後　利川へ 利川の窯元　自由散策 夕食：ﾚｽﾄﾗﾝ(韓定食)　(ﾐﾗﾝﾀﾞﾎﾃﾙ 泊)
2. 8/4 (火)	利　川 広　州 公　州 扶　余	8:30 19:00	専用バス	朝食：ﾎﾃﾙ 広州窯跡めぐりの後　湖巌美術館見学 昼食：ﾚｽﾄﾗﾝ(石鍋ビビンバ) 華城郡　堤岩里教会訪問検証　公州へ 元扶余文化院院長　李夕湖先生の案内にて 国立公州博物館、武寧王陵見学、扶余へ 夕食：ﾚｽﾄﾗﾝ(カルビ料理) <李先生を囲んで>　(扶余ﾕｰｽﾎｽﾃﾙ 泊)
3. 8/5 (水)	扶　余 論　山 ソ ウ ル	8:30 19:00	専用バス	朝食：ﾎﾃﾙ 扶余市内観光（国立扶余博物館、定林寺址 白馬江の舟下り、皐蘭寺拝観等） 昼食：ﾚｽﾄﾗﾝ(参鶏湯)　ソウルへ 1919.3.1. 独立運動の発祥の地ﾀﾌﾟｺﾙ 公園、安重根義士記念館、陶磁器、骨董品街 仁寺洞散策 夕食：ﾚｽﾄﾗﾝ 山村（薬膳料理） 韓国伝統舞踊鑑賞　(ｿｳﾙ ｷｬﾋﾟﾀﾙﾎﾃﾙ 泊)
4. 8/6 (木)	ソ ウ ル ソウル空港 成田　空港	8:00 15:30発 17:40着	専用バス JD-252	朝食：ﾎﾃﾙ 国立中央博物館、景福宮（緝敬堂）、陶工渡来 400年記念・歴代沈寿官作品展見学 昼食：ﾚｽﾄﾗﾝ(冷麺) 金浦国際空港へ 日本ｴｱｰｼｽﾃﾑ 機にて 着後解散

ジャパンコムツーリスト
〒171-0022 東京都豊島区南池袋1丁目1番6号 宮城ビル
電話03－3982－2641(代)

도쿄시 토요지마구에 위치한 자팡 고무쯔 리스토사 야쯔몬지 기획실장이 보낸 서한

여행사는 수수료 장삽니다!

사례를 하나 더 소개하고자 한다. 이 사례는 어떻게 보면 올바른 사례가 아니어서 그냥 넘어가려 했으나 어차피 관광 현장의 이야기를 하기로 했으니 다소 부끄러운 사례이나 소개한다.

사실 이런 경우 공직자는 망설일 수밖에 없다.

"정도가 아닌데 해야 하나, 말아야 하나 옜다 모르겠다. 내 사리사욕을 채우기 위한 게 아닌데 뭐 어쩌겠어!"하며 정당화한다.

서울 중구에 있는 W여행사 H(女)사장에 관한 이야기다. H사장은 일본 전문여행사 사장으로서 큰 규모의 회사는 아니나 널리 퍼진 필자 관련 소문을 듣고 연결되어 가끔 거래가 있는 사이였다.

한 번은 S군 특산물 관련 관광객 40여명을 일본으로부터 유치해 오게 되었는데 그 단체가 다녀간 후 통상 하던 대로 잘 다녀갔느냐고 전화를 했더니, 나 신계장님 때문에 이중으로 망쳤다는 것이다. 왜 무슨 일이 있었느냐고 물으니 관광객이 현지에 도착해서 30여명이 쇼핑을 했는데 수수료를 한 푼도 못 받았다는 것이다.

그런데 문제는 그 상품이 개당 40여만 원 하는 고가라서 문제였다. 40여만 원짜리를 30명이 쇼핑을 했으니 총 1,200여만 원 가량의 쇼핑이 이루어졌는데 수수료는 0원이니 여행사로서는 약이 오를 수밖에 없는 일이었다. 타 제품 같으면 최소 2~300만원의 수수료 수입을 올렸을 텐데 고스란히 공친 것이다.

그런데 이중으로 망쳤다니 또 하나 망친 것은 도대체 무엇이란 말인가?

그도 그럴 것이 그 곳 S군을 다녀서 서울로 올라가 관광과 쇼핑을 하게 되었는데 앞서 들른 S군에서 1,200여만 원의 쇼핑을 했으니 서울에서의 쇼핑은 이미 지불한 1,200여만 원을 제외한 나머지 돈으로 쇼핑할 수밖에 없지 않겠는가. 즉 40여명이 지참하고 온 총액에서 1,200여만 원이 이미 빠져나갔으니 1,200여만 원 어치의 쇼핑을 한 수수료를 못 받아 손해고, 서울에서 1,200여만 원 어치의 쇼핑을 못했으니 1,200여만 원 상당의 수수료를 또 못 받을 수밖에 없지 않았겠는가. 아차, 실수했구나! 내가 미쳐 그 부분을 못 챙겼구나! 그때 불현듯 생각나는 말이 있었다.

"여행사는 수수료 장사입니다."

필자가 수시로 만나 충남 여행상품개발을 위해 여러 차례 우리 도를 함께 답사 하면서 들은 말 중에 서울 종로소재 S관광주식회사 기획실장(L씨, 女)이 필자에게 해준 말이다. L실장은 평생을 관광에 종사하면서 일본 쪽을 총괄하며 국내 여행상품개발에 남다른 열정을 가진 분이다.

이 분은 아까스리(때밀이 관광) 상품을 개발한 것으로도 유명한 업계 거물이다.

'여행사는 수수료 장삽니다.'

이는 교과서에는 없는 말이나 이 구절보다 더 생생한 표현은 없는 것 같다. 그러나 현실적으로는 세계시장에서 다 통하는 불문율이 아니겠는가.

그래서 미안하다고 백 번 양해를 구하고, "다음에 한 번 더 와라 내가 확실하게 수수료를 챙겨주겠다!"라고 했더니 그렇게 하겠다고 했다. 그런 일이 있고 한참의 세월이 흐른 후 두 번째 방문이 성사되게 되었다. 필자는 약속이행을 위해 S군 관광담당 L과장에게 전화를 걸었다.

이번에 지난번 내가 이야기 했던 단체가 또 들어오는데 이번에는 통역을 한 군데만 부치고 무조건 상품판매가에다 20%를 더 붙여 받아서 H사장에게 수수료를 지불해줘야겠다고 부탁했다. 예정대로 관광단은 다녀갔고, 이번에는 괜찮았느냐는 필자전화에 그녀는 "아! 이번에는 괜찮았다!"고 만족해했다.

일전 언론보도에 전북 군산시 공무원들이 큰 기업체를 유치한 기사에서 '도둑질 빼고 다했습니다.' 라는 기사를 본 일이 있는데 관광도 도둑질 빼고는 다해야 잘되는 것 아닌가 하는 생각을 해본다.

지금까지 외국인 관광객을 유치하면서 인상이 깊었던 사례를 몇 가지 소개했다.

하지만 1997년 말경부터 시작해서 1998년부터 본격적으로 외국인 유치를 위해 매달린 2~3년간은 하루일과중 대부분을 외국관광객 유치 전문 여행사 담당자와 여행상품 개발을 위해 혼신의 노력을 기울였다. 또는 그들의 요청사항 해결을 위해 현장을 뛰거나, 우리지역 축제, 관광열차 개발, 특산품 등 홍보를 위해 취재 기자 현장안내 등 동분서주했다.

이런 과정을 거치면서 상호간에 신뢰가 쌓였고 많은 대화를 통해서 자연스럽게 관광 관련 공부와 언론 공부(?)를 하게 되었다.

이 두 가지 공부는 정말 나에게는 매우 유익하고 값진 일이었고 의미 있는 시간이었다. 돈을 주고 살 수 없는 산지식이었고 이런 지식을 활용한 활동은 모두 실적으로 나타나 연중 거의 하루에도 여러 팀의 외국인들이 우리 충남 지역을 찾는 것이 일상화 되다 시피 했다.

어떤 때는 월 50여회 충남 관광 홍보 관련 기사가 중앙일간지에 보도되어 충남이 언론에 방방 뜨는 쾌거를 이뤘다.

그런가하면 1999년의 경우 관광열차를 개발해 운영한 실적이 9개 열차에 122회 41,667명으로 3일에 한 번 꼴로 관광열차가 운행 된 셈이었다. 백제역사 탐방열차 · 무창포 관광열차 · 고향방문열차 · 조개잡이 관광열차 · 안면도 관광열차 · 춘장대 피서열차 · 강경맛갈젓 관광열차 · 광천 새우젓

관광열차 등 그 종류도 다양했다.

관광열차의 개발 운행은 단순히 관광객 유치만의 의미가 있는 것이 아니고, 운행대상지역과 대상소재의 홍보에 아주 유용한 수단이어서 그 의미가 매우 커 눈독드릴 가치가 너무도 큰 것이다.

관광열차 운행실적

'99. 11. 20현재

열 차 명	운 행	인 원	비 고
계	122회	41,667명	
백제문화탐방열차	23	1,478	
무창포관광열차	34	19,250	
고향방문열차	2	766	
조개잡이관광열차	8	1,190	
안면도관광열차	2	1,165	
춘장대피서열차	42	12,472	
금산인삼축제관광열차	1	46	
강경맛깔젓관광열차	8	4,320	
광천새우젓관광열차	2	980	

관광열차 운행 실적 통계

세계 대백제전 수상공연

안면도 해변에서 망중한을 즐기는 한 젊은 커플

보령 무창포 해수욕장

백제의 혼을 불어 넣은 '백제여정(百濟旅情)'

하루에도 여러 건의 외국인 단체가 들어와 외국인 안내가 일상사가 되다시피 해서 일일이 다 소개할 수는 없다.

그러나 그 중에서도 필자에게 가장 큰 감동과 보람을 주고 가장 깊은 의미와 값진 교훈을 남긴 상품 하나를 소개하면서 외국인 관광객 유치 이야기를 마치고자 한다.

이 상품은 일본인의 백제문화 탐방객을 유치하기 위해 충청남도와 철도청, 일본 규슈여객철도(九州JR)가 공동으로 기획한 '백제여정(百濟旅情)' 이라는 상품이다. 일본인의 백제문화탐방 수요를 창출하기 위한 캠페인 투어 성격이 짙은 상품이었다.

지금까지 일본인들이 경주를 중심으로 한 신라문화권을 주로 찾고 정작 그들의 뿌리인 백제권이 그들에게서 소외되고 있는 실정이었다. 그런데 그 주요원인은 여행비용이 신라권(41,000엔)보다 백제권(55,800엔)이 비싼 것이 큰 이유 중의 하나였다. 이런 현실에서 충남지역의 상징성을 띈 백제역사탐방상품을 개발하는 것이 매우 시급하고 중요한 일이었다.

이런 배경에서 시작된 이 상품은 첫날 부산으로 들어와 대전에서 숙박하고 둘째 날부터 부여(정림사지 · 박물관 · 백마강 유람선 · 고란사 · 백제역사 강연수강) → 공주(무령왕릉 · 박물관)→ 대전(민속공연 · 석식)을 거쳐 부산으로 내려가 숙박하고 셋째 날 부산시내관광을 하고 귀국하는 2박 3일 상품이었다.

무엇보다도 이 상품의 판촉활동을 위해 1998년 11월부터 12월까지 2개월간 파격적인 가격으로 캠페인투어를 실시하고 1999년부터 점차 가격을 조정해 실시에 들어가 1회당 100~200명 단위로 끌어들이는 상품이었다. 그런데 이 상품을 성사시키기 위해서는 앞서 지적한 여행비용을 신라 권 수준으로 최대한 낮추는 것이 선결과제였다.

이 과제를 해결하기 위해 필자와 철도청 P사무관 큐슈JR의 실무과장이 모여 묘안을 모색하게 되었다. 그렇게 해 짜낸 타개 방안은 비용 구조상 할인이 가능하고 비용 부담이 상대적으로 큰 부산~대전 간 새마을호 요금과 숙박요금(리베라 관광호텔)을 최대한 할인하는 것이 열쇠였다.

그런데 철도 요금 할인은 철도청에서 결정하면 간단히 해결되는 일이었지만 숙박료는 민간이 운영하는 것이다 보니 할인해준다는 것이 쉽지 않았다. 그런데 철도 요금 할인은 철도청 P사무관이 맡고 호텔 숙박료 인하는

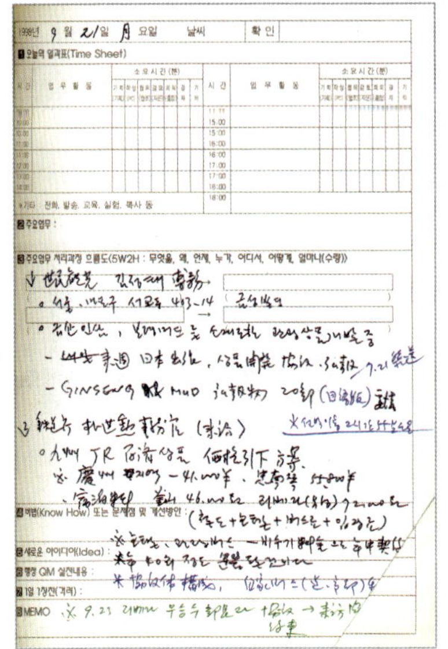
1998년 9 월 21일 月 요일 날씨 확 인

1 오늘의 일과표(Time Sheet)

※기타 : 전화, 발송, 교육, 실험, 행사 등

2 주요업무 :

3 주요업무 처리과정 흐름도(5W2H : 무엇을, 왜, 언제, 누가, 어디서, 어떻게, 얼마나(수량))

4 비법(Know How) 또는 문제점 및 개선방안 :

5 새로운 아이디어(Idea) :

6 행정 QM 실천내용 :

7 1일 1칭찬(격려) :

8 MEMO

1998. 9. 21. 업무수첩

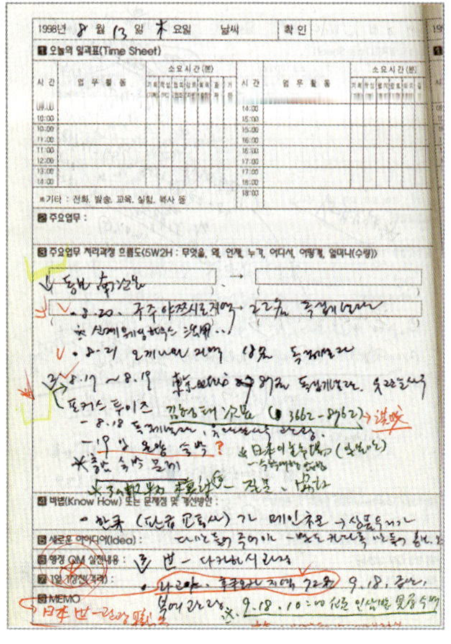
1998년 8 월 13 일 木 요일 날씨 확 인

1 오늘의 일과표(Time Sheet)

※기타 : 전화, 발송, 교육, 실험, 행사 등

2 주요업무 :

3 주요업무 처리과정 흐름도(5W2H : 무엇을, 왜, 언제, 누가, 어디서, 어떻게, 얼마나(수량))

4 비법(Know How) 또는 문제점 및 개선방안 :

5 새로운 아이디어(Idea) :

6 행정 QM 실천내용 :

7 1일 1칭찬(격려) :

8 MEMO

1998. 8. 13. 업무수첩

모두 나만 쳐다보니 필자가 이를 도맡을 수밖에 없었다.

그래서 필자가 리베라 호텔 U부장과 실무협의를 해보니 1실 당 72,000원까지는 할인이 가능하다고 했다(부산은 1실 당 46,000원). 그러나 큐슈 JR이나 주관 여행사인 S여행사는 그 정도 수준 가지고는 모객 자체가 어렵다고 했다. 그래서 다시 W본부장을 만나 이 상품의 의미와 취지 등을 적극 설명하고 할인해 달라고 통사정을 하며 수차 협의한 결과 60,500원까지는 양보할 수 있지만 그 이하는 절대 안 된다는 것이었다.

그러나 신라권 상품과 비교해서 호텔요금을 부산지역 수준으로 인하한다 해도 이곳 백제권 상품이 비쌀 수밖에 없으니 부산지역 수준(1실 당

46,000원)으로 맞춰주어야 이쪽 백제권 상품이 비로소 개발 가능했기에 타결의 실마리가 좀처럼 보이지 않았다.

리베라 호텔 측에서 내세우는 논리는 예컨대 4~5만 원대로 한번 운영하게 되면 여행업계에 싸구려 이미지가 확 퍼져 기타 여행사에서도 그 가격으로 요구하게 되고 그럴 경우 거부할 명분이 없을 뿐만 아니라 그 싸구려 이미지를 회복하는데 3년 이상은 걸린다는 것이었다.

달리 생각해 보면 그들 주장도 일리는 있는 것 같았다. 그래서 생각한 것이 지역 업체로서 스폰서 개념으로 접근하면 실마리가 풀릴 것 같아서 필자가 파격적인 제안을 하게 됐다.

"그래 좋다! 1실 당 60,500원으로 하자. 그런데 이쪽에서는 부산지역 수준으로 계산한 총비용만 지불할 테니 그 나머지 부족분은 이 지역의 상징적인 사업을 하는 점을 감안, 지역 업체로서 지역상징상품인 백제탐방상품의 스폰서를 한다면 그보다 더 좋은 명분이 어디 있겠느냐? 스폰서 자격으로 참여해 달라!"

그 결과 파격적인 가격인 부가세10%, 봉사료10%포함, 1실 당 48,400원에 극적으로 최종 타결되어 백제역사문화탐방상품이 개발되어 이 세상에 빛을 보게 되었다.

그런데 그들이 개획한 상품 초안을 보니 단순히 백제문화유적탐방 위주의 아주 밋밋한 상품으로 구성되어 있었다.

일본인들에게 확실하게 백제의 혼과 백제 역사가 일본에 끼친 영향 등을 그들 뇌리에 심어줄 필요가 있다고 판단되어, 여행프로그램에 1시간여의 강연과 민속예술공연을 추가해 상품 구성을 완결하기에 이르렀다.

강사는 일본어에 능통하고 백제역사와 일본역사 및 일본인 정서를 잘 아는 향토사학자인 부여읍의 L씨에게 부탁했고 민속예술공연은 공주의 민간예술단체인 G문화예술회에 부탁해서 실비수준의 비용으로 봉사해주어 큰 비용부담 없이 행사를 멋지게 치를 수 있었다.

그 분들께 이 지면을 통해 감사를 드린다.

L씨의 강연이 진행되는 동안 나이도 많은 노인들이 열심히 메모를 했고, 강연을 처음부터 끝까지 비디오카메라로 녹화하는 사람들이 여럿 있었으며 그 태도들이 너무 진지했다.

강연이 끝나자 서로 먼저 강사와 사진을 찍으려고 한 동안 북새통을 이루는 일도 벌어졌다. 또 강연 소감을 묻는 설문에 "최고로 좋았다, 최고로 감격 · 감동을 준 멋진 강연이었다, 매우 좋아 더 듣고 싶었다."라고 응답해 응답자 모두가 매우 만족하는 반응을 보였다. 어떤 이는 "강사께서 언제까지나 건강하게 활약 하시기를 빈다!"라고 응답하기도 했다.

백제와 일본과의 관계에 대해 알고 있는 사항에 대해 묻는 설문에 "형제(兄弟)다" "한국이 정치 · 경제 · 문화의 형님이라는 사실을 재확인했다." "기회가 주어진다면 또 오고 싶다." 등의 매우 우호적인 인식을 갖게 하는 계기가 되었다. 그러면 어떤 내용의 강연이었기에 그토록 그들을 감격하게 했을까 그 강연 요지는 다음과 같다.

▶ 한국과 일본은 지구상 많은 나라(민족) 중 지형 · 문화적으로 제일 가까운 나라다.

▶ 김대중 대통령 방일시 천황의 인사 내용 중에 백제 왕인 박사가 황태자 교육을 시켜주었고 오경박사가 문물을 전해줬으며 불교가 백제에서 일본으로 건너갈 때 교리만 건너간 것이 아니라 문학 · 음악 · 공예 · 예술 모든 것이 건너가 아스카 문화의 토대가 되었다라고 이야기 했다. 그 중에 신라와 고구려 이야기는 하나도 없었다.

▶ 천황 삼촌 '미까사' 도 "천황가(天皇家)의 선조는 부여족이다"라고 했다. 이러한 사실은 '시다라' '구지와다' '이시다' 등 당신네들 유명한 교수들도 모두 인정하는 사실이다.

▶ 일본인 마음의 고향은 아스카고, 아스카의 고향은 백제다.

▶ 흔히 일본을 "가깝고도 먼 나라"라고 하는데 학술은 진리가 생명인데, 가깝고도 먼 나라라는 것은 진리가 아니고 비리다. 실상은 "가깝고도 가까운 나라다."

▶ 그리스도 · 이슬람 신도가 성지를 순례하듯, 일본인들도 백제를 순례해야 한다.

▶ 현해탄이 창세기부터 생긴 것이 아니다. 12,000년 전 혼조끼 시대에 생긴 것이다. 그 이전에는 하나의 땅이었다.

▶ 반목하지 말고 손에 손을 잡고 '진리와 우정의 가교' 를 놓자.

어찌 보면 자존심 상할 것 같은 내용도 있는 것 같은데 그들에게 그토록 감동을 준 이유는 무엇일까. 그것은 강사가 역사적인 사실 등을 하나하나 조목조목 너무나도 논리정연하게 제시하며 천황 · 유명 교수 등의 말을 인용해 추호의 의문이나 이의를 제기할 수 없게 간극 없이 교감을 유도할 수 있었기 때문이다.

특히 통역이 아닌 유창한 일본어(한국인이라는 것을 의심할 정도로)로 강연함으로써 전하고자 하는 내용이 생생하게 전달되었기 때문이다.

이 백제역사탐방 상품에 대한 그들의 반응을 보면 참가자들 중에는 서울 · 부산 · 경주 등을 방문한 경험이 있었으나(5회 이상 한국방문자도 13명이나 됐다!) 백제지역에는 모두 처음 방문한 사람들이 많았다.

이들은 막연히 말로만 듣던, 또는 학교에서 배웠던 자기들의 뿌리의 현장을 답사하는 심정에서인지 진지했고 강연을 열심히 메모하는 사람(나이도 많은 노인들이)들이 많았으며, 강연을 처음부터 끝가지 비디오카메라로 녹화하는 사람도 여럿 있었다. 이들 중에는 가는 곳곳마다 일본어 안내판을 열심히 읽고 메모하는 사람도 많았다.

또 안내자의 설명에 이목을 집중하고 하나라도 더 들으려고 노력하는 모습이 역력했다. 일본 측의 규슈여객철도(九州JR) 미즈노 야사유키(水野正幸) 과장도 지금 큐슈(九州) 지방에서 '백제여정(百濟旅情)'이 화제가 되고 있다고 했다.

그는 그 열기를 지속시켜 나가야 한다며 이 상품을 위해 협조해 주신 한국 측 관계자께 감사하다고 거듭 말했다.

한국 측 주관여행사인 S관광의 K전무도 이번 관광단에는 관광관련인사가 다수 참여해 백제지역 관광의 씨앗을 뿌린 효과를 거두었다며 다음해(1999년)에도 道 등 관련기관에서 지속적인 관심과 지원을 기대한다고 말하며 다음해까지 지속적인 추진의지를 피력했다.

그러면 이 상품이 좋은 반응을 보이며 성공한 비결이 무엇일까?

"관광 + 강연 + 민속공연 + 가격 + 유기적인 협력체제"

관광 여행상품의 성패는 관광 여행의 내용과 가격이 좌우하는 것이라고 해도 과언이 아니다.

관광의 내용을 위해서 단순한 백제지역 관광에 그치지 않고 그들에게 백제의 혼을 불어넣는다는 차원에서 백제역사가 일본에 끼친 영향을 일목요연하며 설득력 있게 정리한 강연과 우리의 전통 민속무용 등을 통해 상품성을 높여줘 역사탐방위주의 밋밋함과 지루함을 해소시켜 주었다.

그리고 캠페인 투어 기간을 설정, 파격적인 가격을 제시해 관광수요를 촉발했다. 道가 직접 나서 숙박료 인하 · 강연 · 민속공연 주선 등 적극적으로 지원한 것이 성공 요인으로 분석된다.

이 투어를 총결산 해보면 이 상품이 일본인의 방한상품 중 가장 의미 있고 대표적인 상품으로 짧은 기간에 많은 방문인원, 그들에게 끼친 정신적 영향, 우리지역의 홍보 등에서 큰 성과를 거뒀다.

다만 우리 지역의 수용능력 한계 등으로 인한 대전지역 숙박 · 화장실 등의 미비에 따른 불편의 문제는 장 · 단기적인 대책을 세워 철저하게 보완해 나가야 할 것으로 평가된다.

그러면 이 상품이 구체적으로 어떤 성과를 가져왔을까?

첫째 일본인의 뿌리가 백제(百濟)라는 인식을 확실하게 심어주는 계기가 되었다.

강연소감을 묻는 질문에 "백제와 일본의 역사적인 사실에 깊은 감명을 받았다" "한국과 일본이 친척임을 알았다" "일본인으로서 반성하고 새삼 감명을 갖게 해주었다" "최고로 좋았다" "최고의 감격, 강의시간이 짧았다"

"더 듣고 싶었다."라는 반응이 주류를 이뤘다. 이로써 참가자 모두에게 깊은 감명을 주게 된 계기가 된 것은 틀림없는 것 같다.

둘째, 한·일양국의 선린우호 관계 발전에 기여했다. 백제와 일본의 관계에 대한 올바른 역사 인식을 바탕으로 매우 친근감을 갖게 되는 계기가 되었다.

"첫 한국방문 왠지 가깝게 느껴진다."

"원래 한국이 정치·경제·문화의 형님이시다."

"다음에 올 때 한국어 공부하고 오겠다."

라고 응답하는 등 매우 호의적인 반응을 보였다. 백제와 일본의 관계에 대해 아는 사항이 있으면 적으라는 질문에 "형제(兄弟)"라고 응답한 사람도 있었다.

셋째, 충남을 일본에 널리 알리는 성과를 거뒀다. 이번 관광을 통해서 "옛 백제 문화를 꽃피웠던 지역이 바로 충남이다."라는 사실을 일본에 널리 알리는 계기가 되었다.

넷째, 단기간 내에 1천여 명의 관광객 유치로 외화 수입을 올릴 수 있었다. 큰 액수는 아니겠으나 외화 수입을 올린것은 사실이리라.

위와 같이 좋은 반응을 얻으면서 큰 성과를 올린 반면에 근원적으로 해결해야 할 문제점도 숨길 수 없다.

이 상품을 안내하면서 가장 곤혹스러웠던 것은 화장실 문제였다.

불결·비위생적·파손 등의 문제를 지적한 건수가 27건이나 나왔다. 그 중에서도 플라스틱 임시화장실, 또는 동파위험 폐쇄 등으로 임시화장실을 사용토록 하는 문제 등이었는데 정말 창피하기 그지없었다.

동파예방을 위한 폐쇄의 경우는 전기라지에다(개소 당 25~30만원) 설치로 깨끗이 해결이 가능할텐데…. 이런 것이야말로 전형적인 행정 편의적인 발상이라 생각된다. 최소한 관광도(觀光道), 관광군(觀光郡)을 표방한 지역의 화장실 문제는 근원적으로 해결해야할 사안으로, 투자의 우선순위 조정이 필요하지 않겠는가? 이는 의지의 문제가 아니겠는가?

그들이 지적한 것은 아니지만 필자 스스로 아주 부끄럽게 생각되는 것이 또 있는데, 그것은 백마강 유람선의 경우 미관은 물론 요란한 엔진소음과 승무원 복장 등에 있어서 일본수준과 너무 거리가 있다.

필자가 나가사키에 있는 하우스텐 보스에 갔을 때 그 경내를 운행하는 유람선의 경우 세련되게 디자인된 배가 소음 없이 미끄러지듯이 운항되었으며 깔끔하고 단정한 유니폼을 입은 승무원의 모습이 떠오르는 순간, 그들이 지적해서가 아니라 스스로 낯이 붉어져 올랐다.

그 다음의 문제는 안내판 외국어 표기문제였다. 일본인이 가장 많이 찾는다는 부여 · 공주지역의 경우 부분적으로 표기가 되어 있으나, 부여 · 공주박물관 일본어 표기가 없어 가이드의 설명에 전적으로 의존하는 실정이다.

그러다 보니 가이드들이 우리 지역을 기피한다는 소리도 들렸는데, 아무튼 중앙박물관 차원의 대책이 요구되는 대목이다.

한참 외국인 관광객 유치에 열을 올리다 보면 여행사들이 외국인을 유치해 수안보 온천을 많이 찾게 된다는 사실을 확인하게 되었다.

그런데 수안보가 뭐가 좋아서 그렇게 많이 가느냐고 물으면, 그분들 대답이 일단 수안보에 외국 손님을 데려가면 가이드가 편하다는 것이었다.

일본인 해외여행자들 사이에 잔잔한 감동을 불러일으킨 '백제여정' 리플릿 표지

그 지역 업소 등에서 다 알아서 해준다는 것 이다.
그만큼 지역민들이 외국 여행객들을 수용 노하우가 적지 않게 축적 되어 있는 것이다.

이야기가 조금 다른 방향으로 갔는데, 그 상품을 운용 하면서 또 다소 아쉬웠던 것은 백제역사 투어상품임을 감안해 백제왕과 왕비 옷 입어보기 등의 체험 코너를 설치하지 못한 게 내내 아쉬움으로 남았고, 일본인이 선호하는 김치라던가 김 같은 것을 사갈 수 있는 쇼핑 일정을 마련치 못한 것도 아쉬웠다.

백제 성왕 시대에 노리사치계를 일본(당시 왜)에 파송해 불교를 전파하던 당시의 상상도

사비궁 풍경(부여)

세계대백제전 기마군단행렬

세계대백제전 사비왕궁 열차체험

백제 고도 부여 부소산 고란사 입구 여름 풍경

이번 백제 역사 탐방투어를 마무리 하면서 필자는 다음과 같은 생각을 해봤다.

강연의 경우 생각하기 따라서는 일본인의 입장에서는 자존심이 상하거나 거부감을 느낄 수 있는 내용인데도 참가자 모두가 공감하고, 수용하고, 감격하는 것을 보면서 최근에도 우리를 격분케 하는 근세사에 대한 그들의 역사 인식을 바르게 교정시켜 줄 수 있는 한 방안 내지는 돌파구를 마련했다는 점에서 시사하는 바가 크다.

무엇보다도 희망적인 기대를 가지고 단순한 관광객 유치차원이 아닌 우리의 역사 · 문화 · 정신을 수출한다는 자세로 적극 추진해 이 상품이 정기적으로 확대 지속되었으면 하는 간절한 마음가짐이다.

이것도 관광마인드?

필자가 많은 충남관련 상품을 외국에 팔면서 많은 외국인을 유치하고 안내도 해봤지만 이 상품처럼 나에게 관광객 유치 이상의 그 무언가의 뿌듯함을 느끼게 한 상품은 없었다.

한편으로 강한 자부심 같은 것도 느낄 수 있었다.

이 상품 추진결과를 지사님께 보고 드리니 가능한 한 거부감이 없도록 유의하고 수요자 입장에서 성향 등을 검토하고 품위를 잃지 않도록 하라는 주문을 주셨다. 이래서 교과서에 관광산업을 평화산업이라 하는 모양이다.

이제 외국인 관광객 유치 이야기를 마치면서 사람의 인연이랄까 사업 마인드라 할까 이야기 하나를 더 소개하고자 한다.

1998년 10월 중순쯤으로 기억된다. 어떤 여자한테서 한 통의 전화가 걸려왔다.

전혀 알지 못하는 사람이어서 "잘못 걸렸습니다."하고 끊으려는데 자기는 나를 잘 안다고 하면서 꼭 만나야 한다는 것이다. 아니 나는 전연 모르는데 어떤 대강의 이야기라도 해줘야 만나지 무턱대고 만나자고 한다고 해서 다 만날 수는 없지 않느냐고 하니, 신문에서 당신 기사를 봤는데, 신문에 난 내용의 일을 하는 분이라면 꼭 한 번 만나서 자기 사업에 도움을 받았으면 좋겠다고 했다.

당시 필자는 조금만 기사 가치가 있다 싶으면 누구든지 홍보지원 등에 적극 나서서 많은 사람을 도와주던 때여서 내 능력에 닿는 일이라면 도움을 주는 것도 괜찮겠다 싶어 만나서 이야기를 들어보기로 했다.

그렇게 하여 그 여자 분과 만나 대화를 나누었다. 그가 말하는 사연을 요약하면 이렇다.

"우리 남편이 서울서 건축업을 하고 있는데, 대전 유성에 와서 5층 건물 신축을 수주 받아 지었으나, 대금을 현금으로 받지 못하고, 전체 5개 층 중에서 1개 층을 대신 받아서 그곳에 식당을 개업 운영하는 중입니다."

"그건 그렇고 어떻게 나를 아세요?"

바로 며칠 전 집안에 굴러다니던 묵은 신문을 치우면서 필자에 관한 기사를 보았다는 것이다. 그런데 당시 K 신문에 전면 판 보도가 나간 것은 8월20일이었으니 두 달여가 지난 때였다. 그래서 그 신문을 보게 된 것도 우연찮은 일 같았다.

또 필자에게는 그녀가 그 신문을 보고 자기사업과 관련지어서 생각했다는 자체가 그녀의 사업마인드 또는 관광마인드 측면에서 플러스 요인으로 작용했다.

그런 정도의 사람이라면 손님에 대한 영업태도 등 식당 분위기도 괜찮을 것 같다는 생각이 들었다.

당시 필자는 앞서 설명한 백제역사탐방 상품을 개발해 놓고 숙소 등은 다 확정해 놓았지만 150여명 수용 규모의 단체관광객을 친절히 맞을 수 있는 깨끗하고 품위 있는 식당을 찾고 있는 중이었는데 아주 적절한 시기에 절묘하게 나타난 것이다.

그 사람이 운영한다는 식당에 가보니 식당의 규모나 인테리어, 손님에 대한 응대태도와 메뉴 및 식사의 질 등이 외국인 손님 접대에도 손색이 없을 것 같아 첫 단체부터 그 식당을 이용했다.

다음 단체도 계속해서 그 식당을 이용하도록 했는데 이용한 손님들도 만족해했다. 계속해서 외국손님이 이용하다 보니 그 동네에서는 외국인이 많이 오는 식당으로 인식됐고 그 여세를 몰아 영업도 잘 되었다.

사람이 인연이 되려하니 참 이상하기도 하다.

관련 신문이 최근에 보도된 기사도 아니었고 굴러다니는 구문에서 우연히 본 기사를 보고 또 어떻게 일면식도 없는 생면부지의 사람에게 전화할 생각을 했으니 또 그때가 마침 외국인 관광단을 수용할만한 식당을 찾는 시점과 맞아 떨어졌을까?

그것도 그런 영업을 하던 사람도 아닌, 처음 그런 영업을 시작한 사람이 그런 인연으로 해서 영업에 활력을 찾아가니 참 그것도 능력인 것 같다.

그렇게 이 상품을 운용하면서 웃음을 참기 어려운 진풍경(?)을 우연히 보게 되었다.

이 식당의 메뉴 중에 평양냉면 · 평양순대 · 북한 소주 등도 있었는데 관광객 중의 한 사람이 북한 소주를 살 수 있느냐고 가이드에게 물으니 가이드가 식당으로부터 소주를 사서 수수료를 붙여서 관광객에게 다시 파는 사례를 보게 되었다.

더욱 웃기는 것은 식사가 다 끝난 후에 녹말제품 이쑤시개를 사용토록 했었는데 아마 그때까지 일본에는 그런 제품이 없었던 모양이다.

이것도 살 수 있느냐고 하니 가이드는 서슴없이 살 수 있다고 했다.

그리고는 식당 주인한테 이쑤시개 재고를 통틀어 관광객에게 파는 것을 보고 실소를 금할 수 없었다.

'아! 이것도 수수료 장사?'

'아! 이것도 외화벌이?'

가이드 입장에서는 너무도 당연한 일이라 생각할지도 모르지만, 필자로서는 자다가도 웃을 일을 현장에서 목격하게 된 것이다. 하나라도 많이 팔면 국익(?), 좋게 봐주면 좋은 일일 수도 있겠다.

우리 국민도 외국에 나가면 이런 진풍경이 일어나지 않겠는가?

관광객의 수요에 맞춰주는 것이 관광산업을 활성화 하는 확실한 길이라고 주장한다면 그도 그럴법한 일이다. 당시 충남의 외국인 관광객 유치여건은 사실상 취약하기 그지없었다.

도로가 대부분 1차선으로 상습체증, 외국관광객 유치 필수 시설인 공항하나 없는 충남도였다. 인바운드를 하는 여행사도 2개 업체뿐이었는데 그나마도 영세해서 외국인 관광객 유치실적이 전무한 실정이었다. 대형매장 등 쇼핑시설이 전무하여 여행사에서 우리 도를 선호하고 싶어도 할 수 없었으며, 관광호텔 등 숙박시설도 취약했다.

특히 관광부서 공무원이 비전문인인데다 외국 관광객 관련 유치요령, 편람 등 문건이 없어 접근하기가 쉽지 않은 현실이었다. 그래도 기타 지역과 차별화될 수 있는 백제관련 테마 상품도 백제 패망에 따른 문화유적 소실로 눈에 보이는 게 거의 없어 설명안내가 어려워 가이드가 충청남도 안내를 기피하는 것도 어쩔 수 없는 중요한 현실이었다.

또 외국인은 말 할 것도 없고 내국인용 홍보물하나 변변한 게 없었던 것을 인삼머드투어 · 골프투어 · 수학여행 등 테마별 홍보물 14종을 국어 · 일어 · 영어 · 중국어 등 4개 국어로 제작 배포하면서 허허벌판에 나무를 심는 심정으로 추진했다.

이런 여건에서 외국인 관광객 유치를 한다고 겁 없이 나서서 열정하나 가지고 이리 뛰고 저리 뛰며 발품과 귀품(?)을 팔아 그래도 꽤 많은 외국인을 유치할 수 있었던 것을 큰 보람으로 느낀다.

“옛 백제 땅으로 수학여행을 떠나자!” ‘신비의 나라 백제’ 수학여행 홍보 팸플릿 표지

백제시대의 풍속도

백제시대의 대장간

옛말에 "무식하면 용감하다"라고, '관광 분야에 무식꾼 중에 상 무식꾼이었기에 가능했던 일이 아니었겠는가?' 라고 생각도 해본다.

다만 필자가 이때 하늘같이 삼고 모토로 삼은 말이 있으니, 전직 국무총리를 하셨던 노신영 총리님의 강의 때 들은 이야기이다.

"경험 없는 학식보다 학식 없는 경험이 더 낫다!"

이 말을 굳게 믿고 열심히 현장 경험을 하다보면 이루어질 것이라는 믿음 때문이 아니었나 생각이 든다.

2장

되살아난 강경,
그리고 전어양식시대

강경 젓갈시장, 기차타고 서울나들이 하다

1997년 11월초.

서울행 열차를 타고 관광객 유치 협의를 위해 서울지역의 여행사를 찾아가면서 '이 가을시즌에 서울이라는 큰 시장에 충남을 팔아먹을 것이 무엇이 있을까?' 라고 한동안 공상에 빠져 있었다. 그때 갑자기 '김장시즌이니 수도권에 젓갈을 팔아야 하겠다!' 는 생각이 스치고 지나갔다.

가을 · 김장 · 젓갈 그리고 내가 지금 타고 있는 열차를 잘 조합하면 상품이 될 것 같았고, '아! 젓갈 관광열차! 이것이다!' 싶었다.

우리지역에는 전통적으로 전국적으로 명성이 높은 젓갈시장이 '광천' 과

'강경' 두 곳이나 있지 않은가. 관광열차, 아직까지 이런 시장을 대상으로 운행사례가 없던 관광열차라 더욱 산뜻한 소재라 생각되었다.

또 가을이 되면 주부들이 가장 큰 걱정거리로서 주부들의 1년 농사로 생각하는 것이 김장이기에 충분히 상품성도 있고 모객도 잘 될 것 같아 아주 훌륭한 여행 상품이란 생각이 들어 그런 상상만으로도 마음이 설레었다.

그런 공상을 하는 동안 기차는 서울역에 도착했다. 열차에서 서둘러 내린 나는 고등학교 동기인 철도청 L열차과장에게 전화를 걸어 만날 약속을 잡아 대강의 구상을 설명했다. 그 이야기를 들은 L과장은 이렇게 말했다.

"그게 그렇게 쉽게 되겠어?"

지금까지 그런 사례도 없었으려니와 열차를 별도로 배정받아 승객을 채운다는 것이 그리 쉬운 일이 아니라는 것이다. 호남선의 경우 노선 사정상 많이 달면 10량을 달 수 있는데 10량이면 1량 당 72명이니까 720명을 모객한다는 것이 쉽지 않다는 것이다.

필자의 생각으로는 720명 정도는 홍보만 어느 정도 되면 아주 간단하게 해결될 수 있다는 생각이 들었고 자신감도 있었다. 그 모객문제는 내가 책임질 테니 열차만 내달라고 떼쓰다시피 계속해서 설득을 했다. 내가 일도(一道)의 관광홍보계장인데 관광홍보가 내 주 임무였다. 그 정도 720명쯤은 내가 자신 있게 해결할 수 있다.

거듭된 나의 요구에 L과장은 당장 이 자리에서 결정될 일은 아니니 사무실에 들어가서 검토해 보겠다는 선에서 이야기를 끝내고 나는 예정된 여행사 몇 곳을 들러 출장업무를 마치고 귀청했는데 다음날 L과장한테서 전화가 왔다.

"그날 국장님, 여객과장과 함께 점심식사를 하면서 자네 이야기를 했어. '내 친구 중에 이러 이러한 사람이 있는데 그가 홍보는 자신이 있다고 한다. 책임지고 모객 할 테니 열차를 내달라고 합니다.'

'음 그 것 괜찮은데 …… ! 한 번 믿어보고 맡겨보지요.'

그래서 충남 강경젓갈관광열차 운행이 전격적으로 신속하게 결정되었다. 그렇게 빨리 결정된 배경에는 관광열차를 운행하는 주무과장인 L과장의 역할이 컸고 관광열차를 운행하는데 협조부서인 식사자리에 동석했던 O 여객과장이 필자의 학교 1년 선배여서 매우 긍정적인 조언을 했을 게다.

관광열차 운행날짜가 그 해 11월20일로 결정되었다. 운행 스케줄은 오전 9시40분에 서울역을 출발해 영등포역과 수원역을 경유, 12시8분에 강경역에 도착해 오후 3시15분에 강경역을 출발, 오후 5시48분에 서울역에 도착하는 여정으로 왕복 요금은 15,400원이었다.

마침 때는 김장철이 박두한 시기였다. 김장을 매우 큰 행사로 여기는 주부들의 입장에서는 대부분이 미리미리 젓갈을 준비한다는 점을 감안할 때 늦은 감이 들어 다소 불안하기도 했다. 열차운행 관련 준비야 철도청에서 할 일이고, 관광객을 채우는 일은 필자가 책임지기로 했으니, 어떠한 경우에도 내 책임은 완수해야 한다.

그래서 당시 필자 생각은 언론사 몇 군데만 섭외를 해서 신문기사 몇 개만 좀 크게 보도되면 될 것이라 생각해 당시 중앙일보 S기자를 필두로 섭외를 시작, 경향신문 · 한국일보 · 국민일보 등 5개 신문에 관련 기사가 보도되었다.

며칠 있다가 이제 거의 모객 되었으려니 싶어 철도청에 몇 명이나 예약되었느냐 물었더니 그때까지 63명이 예약되었다고 했다.

"아차! 이거 큰 일 났구나!"

정신이 번쩍 났다. 모객은 책임지겠다고 떼를 쓰다 시피해서 결정된 일인데, 보통문제가 아니었다. 이렇게 쉽게 안일하게 생각할 일이 아니라는 생각이 들었다. 그날부터 수도권 언론이란 언론 거의 모두와 지방언론사에 보도 자료를 송부하고 통사정했다.

"보도 자료는 받았느냐?"

"받았다면 왜 보도를 않느냐?"

"안 받았다면 다시 자료를 보내지요. 부탁한다."

각종 언론사에 수신여부를 확인하며 끈질기게 성의를 다해 통사정을 했다.

그 결과 경향신문 · 중앙일보 · 한국일보 · 나라일보 · 서울신문 · 국민일보 · 동아일보 · 한겨레신문 · 세계일보 · 내외경제신문 · 스포츠서울 · 일간스포츠 등 중앙일간지와 경제지 · 스포츠지에서 보도해 주었다.

그리고 KBS 2TV '토요일이 좋다' '좋은 아침입니다' 등에 2회, SBS 출발 모닝와이드 등 TV보도와 라디오도 SBS(안녕하십니까? 강부자 · 강석우),

MBC(925스튜디오), SBS(김찬식의 792뉴스 대행진) 등에서도 보도해 주었고 국도일보 · 대전일보 · 충청일보 · 대전매일 · 동양일보 등 지방지에서도 대대적으로 호응해 주었다.

위 내용은 파악된 것만 대강 적었지만 그 외 지방TV · 라디오 등 파악치 못한 보도도 많았다. 중앙일간지 · 경제지 · 스포츠지 · TV · 라디오 · 지방언론에 이르기까지 무차별 홍보, 융단폭격이 아닌 융단홍보(?)라고 표현하면 너무 과장된 표현일까. 이렇게 대대적으로 보도되다보니 전국에서 문의전화가 쇄도해 우리 사무실(관광과)의 전화는 완전 마비상태에 이르게 되었다.

그 뿐만 아니라 서울시부녀회장 · 인천시부녀회장 · 경기도부녀회장께 공문을 보내 도와달라고 통사정을 했고 충남 H부녀회장께도 서울시 부녀회

강경젓갈거리

장 등 수도권 3개 시 도 부녀회장께 협조를 당부토록 부탁도 했다.

그때가 마침 KBS TV의 '정 때문에'라는 드라마가 인기리에 방영 중에 있었는데 촬영장소로 강경젓갈시장이 무대로 등장하는 장면이 나와 홍보에 크게 도움이 되었다.

이런 매체를 가리지 않은 무차별적인 홍보와 다각적인 노력을 기울인 결과 드디어 모든 열차 좌석은 매진되기에 이르렀다. 당시에 미처 열차표를 구하지 못한 사람들로부터 강경 젓갈시장에 가는 방안을 묻는 전화가 계속 걸려 오곤 했다.

1997년 11월17일 월요일 제3038호 2판

기차여행 즐기며 김장젓갈 사세요

철도청 20일 젓갈 본고장 강경 왕복열차 운행

여행도 즐기고 김장 젓갈도 사고.
철도청에서 김장철을 맞아 오는 20
일 젓갈의 본고장 충남 논산시 강경읍
을 다녀오는 하루짜리 젓
행한다.
최근 〈한국방송공사〉 제
라마 〈정 때문에〉의 촬영
끌고 있는 강경읍은 1900년
산의 집산지로 이름난 곳이
우젓, 멸치젓, 까나리액젓,
어젓 등 30여 가지의 전통 '
으로 잘 알려졌는데, 지금도
는 드라마 속의 봉순 엄마
나오는 강경상회를 비롯한
가 18개나 된다.
젓갈열차는 20일 아침 9시
역에서 무궁화호 열차로 출
역과 수원역을 거쳐 낮 12
역에 도착한다.
열차에서 내려 걸어서 약
강경시장에서 맛깔젓을 사
녀봉을 관광한 뒤 오후 3시
을 떠나 오후 5시48분 서울
온다. 1인당 열차이용 요금
400원.
또 이날 강경읍번영회(

江景김장젓갈 觀光列車 報道現況

ㅇ 중 앙 지

1. '97. 11.10(월) 인 터 넷 - 강경김장젓갈 관광열차운행(도,관광과)
2. '97. 11.12(수) 경향신문 - 김장철맞이 젓갈열차 운행(레저단신)
3. '97. 11.13(목) 중앙일보 - "젓갈열차 출발합니다" 20일 하루 서울~강경노선 운행 (송명석기자)
4. '97. 11.14(금) 한국일보 - 강경젓갈 관광열차 운행(토막소식)
5. '97. 11.15(토) 나라일보 - 관광열차타고 젓갈사러 오세요(이중선기자)
6. " 서울신문 - 김장젓갈 열차 운행 (함혜이 기자)
7. " 국민일보 - 『철도청』 김장철 『강경젓갈열차』 운행(윤봉섭기자)
8. '97. 11.16(일) 동아일보 - 『철도청』 김장철 맞아 『강경젓갈열차』 운행 (하준우기자)
9. '97. 11.17(월) 한겨레신문 -기차여행 즐기며 김장젓갈 사러오세요 (정상영 기자)
10. '97. 11.18(화) 세계일보 - 열차타고 젓갈여행 떠나세요(임정재기자)
11. " 내외경제신문 - 강경젓갈열차운행, 주변관광특산품연계 (김강중 기자)
12. " 경향신문 - 기차타고 젓갈사러 논산가자, 20일부터 강경 관광열차 운행(윤희일 기자)
13. " 스포츠서울 - 젓갈여행 맛보셨어요 ? 20일 "강경김장젓갈 관광열차 운행" (이은영기자)
14. '97. 11.19(수) 일간스포츠 - 『젓갈 관광열차』 신나는 " 월동준비" 여행, 『강경젓갈』 질좋은 새우, 멸치젓등 싼값구입(고강훈기자)

ㅇ 지 방 지

1. '97. 11.14(금) 국도일보 - 강경젓갈 관광열차운행, 도- 철도청, 20일 오전 서울역 출발 (박근주기자)
2. " 대전매일 - 강경젓갈 관광열차 20일 서울출발(최병관기자)
3. " 충청일보 - "기차타고 강경젓갈 사러 오세요" 논산 김장철 맞아 20일부터 관광열차운행 (김홍준기자)
4. " 대전일보 - 20일 "강경젓갈열차" 운행, 싱싱하고 값저렴... 덤까지 곁들여 옥녀봉까지 무료셔틀버스 관광도 (정덕훈기자)
5. " 동양일보 - 김장젓갈 관광열차이용하세요, 충청남도·논산시 - 오는 20일 서울~강경간 운행 (이종진기자)
6. '97. 11.22(토) 대전매일 - 『젓갈하면 강경이죠』 강경젓갈시장르포, 김장철 전국상인들 북적, 하루 2백50여드럼 거래 (박병기기자)

'강경김장젓갈 관광열차 운행 보도현황'과 '기차여행 즐기며 김장젓갈 사세요!' 라는 제목의 한겨레신문 기사

강경젓갈 관광열차운행 설문결과 집계 (일부)

1. 居住地別 : 총 430명중 217명 응답(응답율 51%)

계	서 울	경 기	인 천	부 산	논 산	미표기	비 고
217 (100%)	134 (62)	62 (28)	13 (6)	1 (0.5)	1 (0.5)	6 (3)	

※ 경기 62 : 수원12, 고양 9, 의정부 8, 군포 6, 성남 5, 부천 5, 안양 4, 파주 4, 의왕 2, 남양주, 김포, 광영, 안산 각 1, 경기 3

2. 性 別 : 233명 응답(응답율 54%)

계	남	여	비 고
233 (100 %)	60 (26)	173 (74)	

3. 參席動機別 : 250명 응답(응답율 58%)

계	250 (100%)	비 고
① TV를 보고 ② 신문을 보고 ③ 서울역전광판을 보고 ④ 철도(전철)방송을 듣고 ⑤ 부녀회를 통하여 ⑥ 기 타	48 (19) 158 (63) 8 (3) 12 (5) 1 (0.5) 23 (9.5)	※ 기타 : 고향, 권유, 라디오, 언니권유,젓갈구입, 아들이표를사주어서

강경 젓갈관광열차
1억 원 매출 대박

드디어 관광열차가 오는 날이 되었다. 강경시내는 관광열차가 온다는 사실에 술렁였고 시민들은 기뻐했다. 기다리던 열차가 구내로 들어와 멈췄고, J논산시장이 기관사 목에 화환을 걸어주며 환영했다. 논산시내 기관 · 단체장이 플랫폼까지 나와 관광객을 환영했고 농악대가 흥을 돋우는 등 완전히 축제분위기였다.

사람들은 수군거렸다. 강경역이 생긴 역사 이래 최고 많은 승객이 내렸다고. 그도 그럴 것이 서울에서 아무리 만원을 이루고 출발한 열차라도 수원-천안-서대전 등을 거치는 동안 승객은 내리기 마련이고 강경에 도착해서는 강경역까지 표를 구입한 승객이 몇 명이나 되었겠는가?

역을 빠져나온 관광객은 농악대가 선도하는 가운데 옥녀봉으로 향했다.

이곳은 하늘나라 옥황상제의 딸 옥녀와 관련된 한 맺힌 전설이 깃들어 있는 곳이다. 옥녀는 별빛의 아름다움에 취해 강가로 내려와 목욕을 즐기다가 경치에 너무 취해 하늘나라의 올라오라는 나팔소리를 미처 듣지 못했다. 그러다가 뒤늦게 깜짝 놀라 옷을 제대로 입지도 못하고 하늘로 올라갔다. 하지만 옥황상제에게 크게 노여움을 사 하늘로 올라가지 못해 집으로 돌아갈 날을 애타게 기다려야 했다. 그러다가 옥녀는 끝내 한을 품고 숨을 거뒀다는 애달픈 전설이 전해 내려오는 곳이다.

옥녀봉에는 통돼지를 잡아서 만든 수육과 새우젓, 지역에서 생산된 주류를 준비해 관광객에게 대접했다. 도시에서 살다보니 냉동육에 익숙했던 관광객들은 모처럼 얼리지 않은 갓 잡아서 준비한 수육의 맛을 만끽했다.

그날 행사를 준비하면서 필자가 관심을 가졌던 것은 그날 오신 손님을 영원한 고객으로 잡기 위해 세심한 배려였다. 그곳에 젓갈상인들만으로 조직된 '염우회' 라는 조직이 있는데 이 분들에게 그러한 취지를 설명하고 각 점포마다 성의껏 조그만 젓갈용기에 각 젓갈 종류별로 몇 개씩을 준비토록 했다. 이렇게 준비된 젓갈은 모든 관광객을 대상으로 O X 퀴즈를 내서 경품으로 주기 위해서였다. 가로 · 세로 1m 정도의 판에 O · X 판을 만들어 SBS TV가 녹화하면서 젓갈관련 퀴즈풀이를 했다.

"오월에 잡는 새우젓이 육젓이다. O냐 X냐?" O라고 생각하는 사람은 O자 판 앞에 X라고 생각하는 사람은 X자 판 앞에 서도록 하는…

강경의 옛 전경(우측 언덕이 옥녀봉)

관광객들은 퀴즈를 낼 때마다 O · X로 우르르 몰리며 아이들처럼 좋아했다. 맛있는 돼지고기에 젓갈을 곁들인 수육, 생각지도 않던 젓갈을 경품으로 받으니 어찌 즐겁지 않겠는가?

또 더욱 재수가 좋은 사람은 TV인터뷰로 전국방송을 타게 되는 보너스도 받았다. 옥려봉에서의 일정을 마치고 젓갈점포가 즐비한 상가로 내려왔다. 각 점포 안에는 먹음직스러운 겉절이와 모듬 밥이 준비되어 관광객들을 맞았다. 또 드럼통을 반으로 잘라서 만든 기구를 이용해 군고구마를 구워 관광객이 자유로이 맛볼 수 있게 했다.

이 군고구마는 그날만 특별히 준비한 것은 아니고 젓갈상회에서 젓갈을 구입하려면 젓갈 맛을 보아야 하는데 대부분의 젓갈이 짠 음식이다 보니 통상 군고구마를 준비하는 것이다. 또 관광객이 재미를 돋운 것은 젓갈상인들이 젓갈을 팔면서 코믹하게 연출하는 덤 타령(?)이었다.

기본적으로 주문한 값에 해당하는 물량을 갈고리 같은 도구로 용기에 넣고는 또다시 툭 젓갈을 푸면서 이것은 이웃집 큰시누네 나눠주라고, 이번은 둘째시누네 주라고 이번에는 아랫동네에 사시는 큰 동서네 등등 …….

이렇게 여러 번의 덤을 받으니 재밌지 않을래야 않을 수 없었다. 온 강경 시내가 완전히 잔칫집 분위기가 지속되는 가운데 모든 일정을 마치고 열차는 서울을 향해 떠나갔다.

필자로서는 오늘의 행사가 아주 성공적으로 끝난 것에 만족하면서 오늘(금년) 행사의 만족에 그치지 않고 이 젓갈시장을 내년, 그리고 그 다음해… 계속해서 파는 것이 더 중요하기 때문에 피곤함이 엄습했지만 참가자 설문을 받기위해 미리 준비한 설문지를 가지고 이 열차에 동승했다.

열차 내는 함께 온 일행끼리 기차여행 특유의 여유로움과 즐거운 담소로 아주 평화롭고 즐거운 분위기였다. 그런 분위기를 깨지 않도록 유의하면서 설문지와 필기구를 나눠주며 설문취지를 간단히 설명하고 양해를 구하며 조심스럽게 추진했다. 설문조사는 수원역에 도착해서야 마칠 수 있었고 강경에 도착해보니 점포는 문을 다 닫은 후라 낮에 그렇게 북적이던 모습은 없었고 적막하고 쓸쓸하기 그지없었다. 그러다 보니 아무도 "오늘 수고했다!"라고 말 한 마디를 건네는 사람이 없었다.

필자가 지금까지 업무를 추진하면서 가장 답답하게 생각했던 것은 어떤 사업을 성공적으로 추진했을 경우 분명히 어떤 성과는 있는 것 같은데 그것이 금전적으로 얼마나 되는지에 대한 파악이 안 되는 것이었다.

그런데 그 행사는 그 궁금증을 풀 수 있는 절호의 기회가 온 것이다. 설문조사를 해서 그런 궁금증도 풀고 다음 행사의 더 큰 성공을 위해서 유익한 자료를 확보하자는 것이다.

이 설문내용에서 가장 중점을 두고 파악하고자 했던 것은 이렇다.

첫째, 새우젓, 꼴뚜기 젓 등 등 어느 젓갈을 얼마치나 구입했는가.

둘째, 홍보업무를 전담하는 관광홍보계장으로서 어느 언론매체를 보고 이 행사에 참여했는가. 이 문제는 앞으로 홍보매체 선택 및 방향 설정에 매우 중요한 의미를 갖는 것이어서 아주 자세하게 설문을 준비했다.

셋째, 이 관광열차를 타고 행사장에 도착해서 퀴즈 경품행사 및 통돼지 수육 등을 시식하고 젓갈구매 후 귀경열차에 타기 전까지 참여승객의 반응 및 만족도와 내년에도 젓갈관광열차를 운영한다면 또 참여할지 여부였다.

셋째 항목은 첫째의 경제적 성과, 둘째의 매체조사보다도 이 관광열차의 성패를 파악할 수 있거니와 우리 지역의 수용태세를 점검할 수 있는 데 있어서도 가장 중요한 핵심적 항목이다.

설문 응답내용을 집계 분석해본 결과 첫 번째 궁금해 하던 젓갈구매 금액은 새우젓 · 조개젓 등 젓갈류와 감식초 · 대추 등 특산품을 포함해서 1억 2백 70만원에 이르는 것으로 나타났다. 그 중 가장 많이 구매한 것은 새우

젓 · 조개젓 · 명란젓 · 멸치젓 · 황새기젓 · 갈치젓 · 어리굴젓 등의 순이었다

두 번째 궁금했던 참여 동기별 언론매체는 신문이 압도적으로 많았고 그 다음이 TV 순으로 나타났다. 물론 이 결과는 신문과 방송을 똑같은 회수로 보도한 것이 아니므로 매체별 순위를 부여하는 것은 큰 의미가 없다.

세 번째 참여자 만족도 등을 파악할 수 있는 설문에는 약 70%가 내년에도 젓갈열차를 운행한다면 참여를 하겠다는 응답이 나와 비교적 만족했음을 알 수가 있었다.

참여 지역별로는 서울시민이 62%, 경기도민이 28%, 인천시민이 13%였고 경기도민 중에는 수원 · 고양 · 의정부 순이었다. 성별로는 여자가 74%, 남자가 26%이었다. 특산품의 경우 감식초 · 대추 · 마늘 · 왕주 · 곶감 등 17개 품목으로 젓갈 이외의 특산품도 많이 판매가 되었다.

이 젓갈 열차는 첫 번째 운행에 열차표 매진으로 참여하지 못한 분들의 앙코르 운행 요구에 의해 한 달 후에 2차 운행까지 하게 되는 진기록을 남겼다. 이 관광열차 운행을 통해서 얻은 것이 과연 무엇일까.

언뜻 보면 젓갈 등 판매액이 1억 원이 조금 넘는 별스럽지도 않은 정도의 행사가 아닌가 하는 생각을 할 수 있다. 결코 아니다. 단순히 1억 원의 매출을 올린 장사가 아니었다. 이 1억 원은 표면에 나타난 빙산의 일각인 셈이다.

이 열차 운행의 성과는 엄청난 파괴력을 발휘했다. 그것은 단순히 700여

명이 와서 1억여 원의 젓갈을 사 가는 데 그치지 않고, 700여명이 열차를 타기까지에는 좀 과장하면 700만 명 이상이 언론을 통해서 강경젓갈 시장에 대한 정보를 접했다고 볼 수 있다.

이것은 매우 큰 의미를 갖는다. '아! 강경에 젓갈관광 열차를 운행할 수 있는 큰 젓갈시장이 강경에 있구나!' 라는 사실을 전 국민에게 인식시켜주는 크나큰 의미를 갖는 것이고, 이는 곧 매출 증가로 이어졌다.

그 당시 강경에는 전통적으로 조상 대대로 전래되어 오는 가업으로서의 큰 젓갈 점포가 18개소 정도가 있었다. 그 행사 이후 이 18개 점포들이 하루 250드럼의 젓갈을 판매하는 호황을 맞았다.

그 뿐만 아니라, 젓갈 점포가 수직으로 증가하기 시작해 지금은 150개가 훨씬 넘는 전성기를 구가하고 있어 강경 읍내가 완전히 젓갈로 가득 찬 젓갈 동네, 젓갈도시로 변모한 것이다.

젓갈점포의 증가는 수요가 느는데 따른 공급이 자연스레 늘어나는 현상이다. 이 일 이후에 젓갈 거래는 현장을 방문해서 사 가는 것뿐만 아니라 전국에서 쇄도하는 택배주문이 획기적으로 늘었고, 도시 아파트 부녀회 등에서 관광버스를 타고 젓갈도 사고 주변관광지를 둘러보는 젓갈투어도 본격적으로 시작되기에 이르렀다.

하루 250드럼의 거래(당시 O일보의 보도), 이를 돈으로 환산하면 얼마나 될까?

필자가 1997년 당시 파악해보니 새우젓 육젓의 경우 1드럼에 1,000만원

이었다. 이렇게 생각하면 그 1일거래 규모(250드럼)는 상상을 초월하는 금액이다

이런 1,000만 원짜리 젓갈드럼을 수백 개씩 저온창고 · 폐광 등에 보관해 갖고 있다고 볼 때, 점포 주인들의 재력은 우리가 보통 생각하는 수준을 훨씬 뛰어 넘음을 알 수 있었다.

이제 회원가입 점포만 해도 130개소가 훨씬 넘으니 그때보다 시장규모도 7배 정도 커졌다는 점을 감안하면 그곳에서의 하루 거래량과 거래되는 돈은 독자 각자의 계산에 맡긴다.

이런 큰 규모의 거래가 오늘도 계속 되고 있고 또 내일도 계속 될 것이다.

그래서 필자는 가끔 기회가 있을 때 이렇게 말한다.

"내가 강경젓갈시장에 벌어준 돈은 몇 백 억 정도가 아닌, 수 천 억 계산할 수 없는 엄청난 금액이다."

이런 나의 주장에 누가 "과장된 틀린 말"이라고 반박할 수 있겠는가. 진짜 대박 중에 대박이다!

위와 같은 금전적 성과 등 단기적 성과 이외에도 언론의 집중보도를 통해 잘 알려지지 않은 강경젓갈시장을 '전국 제 1일 젓갈시장' 으로 전국(특히 수도권)에 확실하게 알림으로써 장기적인 잠재 고객을 확보하는 계기가 되었다.

또 강경 주민의 사기를 높이고, 옛 명성 회복에 대한 희망과 확신을 심어주었다. 지역특산품 코너 설치 · 판매를 통해 지역특산품 홍보에도 크게 일

조했다.

그 당시 강경주민들은 "강경은 예로부터 전국 3대 시장(① 원산 ② 강경 ③ 대구)으로서 강경젓갈시장을 전 국민이 다 안다!"라고 생각하고 있었다. 그러나 그때 강경젓갈열차가 운행된다고 하니, 어느 동료계장은 이렇게 말했다.

"야! 강경에 역이 있냐?"

전국에 3대 젓갈시장으로서의 강경을 기억하는 사람은 1920년대~1930년대의 노인세대일 뿐 1940년대 세대도 아는 사람이 드물 거라고 강경에서 만난 한 노인은 말해주었다.

또 어떤 주민은 강경에서 이렇게 젓갈시장이 커진 것은 관광열차 운행할 즈음에 시작했던 축제 때문이라고 이해하는 것 같기도 하다. 하지만 조그만 마을축제, 그것도 홍보 없이 추진하는 자기들만의 축제에 글쎄 그렇게 축제의 효과가 날 수 있다면 얼마나 좋을까 생각해 본다.

이 열차를 운행하면서도, 그 어마어마한 언론의 위력, 홍보의 위력에 필자 자신도 놀랐고 또 한 번 홍보의 맛, 홍보의 마력에 심취했다.

1~2차에 걸친 두 차례 관광열차를 운행하면서 중앙일간지 24회 · TV 10회 · 라디오 4회 등의 집중보도가 이뤄졌고 지방언론도 적극 호응해줬다.

이렇게 홍보가 되도 장사가 안 된다면 뭔가 잘못된 것일 것이다. 즉 홍보가 잘되면 어떤 행사도 성공 할 수 있고, 어떤 장사도 돈을 벌 수 있다는 등식 같은 것이 성립된다면 틀린 표현일까.

강경젓갈축제장

"홍보 = 돈(?)"

필자가 이 책은 쓰고자 하는 가장 큰 이유가 바로 이것이다!

우리 도내에 있는 모든 기업과 점포 그리고 특산물을 생산하는 농업인 그 분들을 뒤에서 지원하는 모든 공무원들이 홍보의 마력에 다 빠져 우리 지역이 모두 돈을 벌 수 있는 지역이 되었으면 하는 기대를 해본다.

공무원인 내가 돈을 버는 것은 아니지만 주민이 이렇게 큰돈을 버니 얼마나 보람된 일인가. 필자는 비록 돈을 못 벌었지만 상인들의 마음은 받았다.

젓갈 점포상인으로 조직된 염우회(鹽友會)로부터 공로패를 받았으니까.

이렇게 시장규모가 커지다 보니, 여러 유통 상의 문제발생 등 부작용도 있는 것 같다. 기존의 조상 대대로 영업해 오면서 튼튼한 기반과 단골 거래처를 많이 확보하는 등 영업 기반을 갖춘 대형 점포들은 이렇게 외형이 커지는 것을 마냥 반기지만은 않는 것 같다.

신규 후발업체 입장에서는 후발업체대로 기존 상권과 경쟁해야 하는 입장이다 보니, 그 분들 대로 어려움이 클 수밖에 없는 모양이다.

그 후로도 젓갈축제 기간 등에 관광열차가 운행되어 명맥을 유지하고 있으나 축제참가 승객만을 태우고 운행하는 전용 관광열차가 아니고, 기존에 운행되는 호남선 정기열차를 이용하는 형태의 관광열차다.

앞서 보았듯이 젓갈시장에 가는 관광객들만의 전용 관광열차는 엄청난 홍보가 따라 주어야 모객이 가능한데 그런 홍보가 쉽지 않다. 그러다 보니 모객이 너무 어려워 시도하는 것 자체도 어렵고, 시도한다 해도 철도청(지금의 코레일)에서 선뜻 객차를 배정하기가 쉽지 않을 수밖에 없다.

그렇게 첫 열차가 운행된 뒤 4~5년이 지나서 축제 기간 중에 강경을 찾은 적이 있는데, 젓갈 열차를 타고 왔다는 승객들이 강경역에서 지루하게 호남 쪽에서 서울로 운행되는 열차를 기다리고 있었다. 첫 관광열차를 운행할 때 관광객들이 시간이 짧아 아쉬우니, 충분한 시간적 여유를 지닐 수 있도록 운행시간을 연장해 줬으면 좋겠다는 설문결과와 아주 대비되는 현상이었다.

중앙일보

1997년 11월 13일 목요일 (43)

"젓갈열차 출발합니다"

20일하루 서울~강경노선 운행

인천 송도선 까나리액젓 직판

젓갈시장이 이달중 잇따라 열린다.

철도청은 오는 20일 서울—강경노선에 '젓갈열차'를 운행한다. 강경(충남논산시)은 KBS드라마 '정때문에'의 촬영장소. 봉순엄마(윤미라분)가 나온 강경상회등 매장규모가 3백여평인 대형 젓갈가게가 18곳이나 된다. (사진)

이날 강경 젓갈가게들은 돼지고기·새우젓등을 손님들에게 무료로 제공한다. 또 '시아버지·시어머니 겉저리용'이라며 더 주는 이른바 '덤판매'로 손님의 구매욕구를 한층 돋굴 계획이다. 논산시는 젓갈열차 승객의 관광을 위해 옥녀봉까지 무료 셔틀버스를 운행할 예정이다. 강경읍번영회 (0461-745-1788).

젓갈열차는 오전 9시40분 서울역을 출발, 영등포·수원역을 거쳐 12시8분에 강경에 도착할 예정. 강경 출발시간은 오후 3시15분, 서울도착예정시간은 오후 5시48분이다. 왕복요금 1만5천4백원. 철도청(02-392-7788).

옹진수협(032-883-8159)은 14~23일 인천 송도유원지에서 김장젓갈시장을 연다. 옹진수협이 이 기간중 선보일 대표적인 젓갈은 까나리액젓. 까나리는 백령도해역 모래밭에서 서식하는 어종으로 까나리젓은 김치의 신선도를 오래 유지한다고 해서 김장젓갈로 인기가 높다.

이와 관련 옹진수협 박영모 유통과장은 "이번 젓갈시장은 백령도의 싱싱한 젓갈을 소비자들이 가까운 곳에서 직접 구할수 있도록 한 것"이라고 말했다. 수협중앙회도 오는 20일부터 전국 24개 공판장에서 젓갈을 판매할 예정.

송명석 기자

강경젓갈 관광열차 관련 중앙일보 기사

'관광 열차' 라는 것이 이름 그대로 관광이 가미된 재미와 쇼핑과 음식이 잘 조합되면 훨씬 여유롭고 재미있는 하루를 만드는 데 제격이다. 하지만 젓갈만 사가는 열차라면 관광 열차로서의 매력은 잃어 갈수밖에 없을 것이다

관광열차를 개발하면서 거기에 참여하는 고객 입장이 되어 관광객이 좋아 할 수 있는 다채롭고, 흥미로운 여러 프로그램을 개발해서 참여할 수 있도록 배려 해주면 시간이 부족할 터이고 그렇지 않으면 시간이 남아 지루한 것은 너무도 당연한 일인 것 같다.

개인이나 장사나 기업이나 초심을 잃으면 고객은 멀어지기 마련이라는 것은 누구나 다 잘 아는 사실이지만 실천이 어려워서 문제다. 그러나 어려워도 실천 하는 것이 개인을 살리고 지역도 살리는 길이다.

상놈전어, 양반전어로 팔자를 고치다!

2000년 9월 초 서해안의 조그만 어항 충남 서천군 서면 홍원 항 언덕의 조그만 식당에서 충남도청 관광홍보계장(필자)과 서천군 관광업무 담당 L과장, 홍원 항 동네 C이장이 점심 식사를 하고 있었다.

어항이라고 해도 고깃배가 그리 많지도 않은 한산한 소규모 포구였다. 그런데 식사 중에 바다 쪽을 보니 대형 수조차가 무엇인가를 연신 실어 나르고 있는 것이 눈에 들어왔다.

한 대의 수조차가 싣고 나가면 또 다른 수조차가 들어와서 싣고 나가는 등 계속해서 무엇인가 실어 나르고 있었다. 하도 계속해서 실어 나르는 것이 이상해서 "무엇을 저렇게 실어 나르느냐?"고 물었더니 "'전어'를 실어 나른다!"고 했다.

"전어? 어떤 고기인가요? 값은 얼마나 하는데요? 어떤 사람이 그렇게 계속 사가지요?"

동석했던 C이장이 대답했다.

"전어는 사람들이 먹지도 않고, 찾지도 않는 생선이라서 이곳에서는 소비를 못하고 부산 사람들이 사가는 데 값은 kg당 4,000원이어유."

필자는 의아한 표정으로 물었다.

"4,000원? 아니, 얼마나 형편없는 생선이길레, 사람들은 먹지도 않고 더구나 생물 활어를 4,000원밖에 안하지요? 그렇다고 부산사람들이 4,000원에 사다가 4,000원에 팔지는 아니할 것 아닌가요?"

싸도 너무 싸다는 생각이 들었고 어렵게 출어해 유류대를 투입해 인건비도 못 건지는 어부들의 착취(?)라고 할까. 아무튼, 어민들이 제 값을 못 받는 것은 틀림없는 것 같았다. 그렇게 생각하니 지역적 자존심이 상하는 기분이 들었다.

"그래도 너무 싸지 않아요?"

"비싸게 팔 방법은 없느냐고 하니 수요가 없어 싼 것을 무슨 방법으로 비싸게 팔 수 있겠서유!"

하긴 그럴 일이다. 물건 값이라는 것이 수요공급의 원칙에 의해 결정되는 것이니 너무도 당연지사 아닌가. '그렇다면 전어에 대한 수요를 창출해 주어야 할 터인데…….'

'수요 창출?'

'홍보?'

'대규모 인원의 홍원 항 유치……?'

등등 이러한 여러 가지 생각을 하다가 그 순간까지 내가 해온 일(홍보를 통한 대규모 관광객 유치) 등을 통해 홍보의 맛을 들였고, 홍보의 위력을 실감했던 터라 좀 고민을 하다보면 어떤 방법으로든 묘안을 강구할 수 있을 것 같다는 확신 같은 것이 있었다. 그래서 그 자리에서 제안을 했다.

"좋아요. 전어 좀 비싸게 팔아보지요. 그러기 위해서 축제 같은 것을 해봅시다. 관광객은 내가 책임지고 유치해 줄 터이니 나머지 문제는 두 분께서 책임지고 하면 어떻겠어요?"

그러자 서천군 관광업무 담당 L과장, 홍원 항 동네 C이장이 되물었다.

"글쎄요? 어떻게 무슨 힘으로 관광객을 책임지고 모아준다는 거지요……?"

"……!"

그들은 내 말에 대해 별로 신경 써서 듣지 않았다. 그래서 관광객 유치에 대한 자신감 등을 여러 차례 강조하면서 축제 추진을 강력히 제안했다. 축제 추진을 권하면서 다른 축제와 차별화 되는 축제를 성사시켜 보자고도 제안했다. 나는 관광 업무를 추진하는 과정에서 대규모 관광객을 유치해 주면서 한 가지 풀리지 않는 고민이라고 할까 갈등이라고 할까 하는 것이 있었다.

'어느 관광지에 관광객이 많이 왔을 경우 그 곳 상인들은 돈을 많이 버는데, 그 곳 주민들의 입장에서 얻는 소득은 하나도 없고 버려진 쓰레기 등의 뒷감당을 해야 하고 또한 축제기간 중 교통 체증은 극심해서 가고 싶은 곳도 제대로 갈 수가 없기에 여간 불편한 게 아닌 게 분명했다. 더구나 그 기간 중 주민 중에 위급환자가 생길 경우는 어떻게 할 것인가……?'

'이 부분은 어떻게 설명되어야 할까? 내가 하는 일은 주민 전체를 위한 일이어야 할 터인데…….' 하는 고민이다. (아직까지도 해법을 못 찾았지만....)

그래서 이 축제는 상인들 참여는 가능한 배제하고 그렇다고 특별히 점포를 못 열게 하는 등의 조치를 취하는 게 아니라 축제장내 가설 텐트 참여를 배제 한다는 의미이다.

대신 마을 주민들을 참여시켜 주민들이 돈을 벌게 해주어 일반적으로 관광지에 관광객이 옴으로써 그 지역 상인만 돈을 버는 일이 없도록 한다는 것이다. 특히 돈 들이지 않고 돈을 버는 축제를 한 번 해보자고 제안했다.

그 당시 지역축제(지금도 아직 고쳐지지 않았지만)는 엉뚱하게도 무대 만드는 데 엄청난 돈을 썼다. 그리고 연예인을 초청하는데 상상할 수 없는 돈을 쓰며 외래 관광객 유치 대책(돈 버는 대책)은 전무해 돈을 벌기 보다는 돈을 쓰는 데만 열중인 안타까운 현실이었다.

이런 과정을 거쳐서 충남 서천군과 지역주민이 협의를 통해서 전어축제를 하기로 결정했다. 사실 축제를 해보자고 했지만 거창한 프로그램이 있는 것도 아닌, 관광객들이 부담 없이 참여해 전어를 구워 들 수 있는 장을 마련해 주는 '전어잔치' 를 해보자는 생각이었다.

그렇게 전어 잔치의 기간(9월23일·10월6일)과 장소(서천 홍원 항 일원)도 결정되고 모든 준비가 착착 진행되었다. 이제 관건은 관광객을 어떻게 유치할 것인 가였다. 관광객을 유치해준다고 큰 소리 친 내 할 일만 남은 것 같아 다소 불안도하고 초조하기도 했다.

모든 축제는 사람이 많이 오면 일단 90%이상은 성공이 아니겠는가. 혹시 관광객이 안 오면 어쩌나, 동네 사람들만 텐트를 쳐놓고 헛수고를 시키면 그 원망을 어떻게 다 들을 것인가.

'그러나 지금까지 하고자 했던 일이 실패 없이 성공적으로 잘 추진된 전

홍원 항 전어 축제장, 전어 시식 장면

력이 있는데 안 될 게 뭐 있겠는가?' 라고 자위하면서 홍보활동에 전력을 다 했다.

우선 친분 있는 중앙일간지 관광 담당기자들에게 대강의 내용을 설명해 보니 반응이 괜찮다는 것을 느낄 수 있었다. 그래서 자신감을 갖고 홍보자료를 만들어 한국관광공사 출입기자단(일간지 11 · 스포츠지 4 · 경제지 5 · 방송매체 5 · 관광업계지 11)에게 송부하고 개별섭외에 돌입했다.

"전어를 드셔봤어요?"

"전어가 무엇이지요?" "맞아요. 전어 그것 맛있지요!"

필자의 질문에 "안 먹어 봤다"는 사람과 "아! 전어 그것 맛있지! 미식가들만 먹는 것 아니야?"하는 대답이 반 반 정도였다.

전어를 맛보아 맛을 아는 사람은 조금만 설명하면 취재가 가능할 것 같고, 맛을 아직 안 본 기자를 집중공략 해야 될 것 같아, 그분들 설득에 주력했다. 축제가 9월23일부터 시작되니 최소한 축제 전 9월 20일경까지는 보도를 마쳐야 할 터인데……. 시간이 매우 촉박했다.

전국은 물론 세계 곳곳을 누비는 그 바쁜 관광기자들이 충남을 취재 하려고 일정을 비워놓고 기다리는 것도 아닐 터이고……, 아무튼 빨리 알리는 것이 가장 중요한 급선무라 생각되어 아주 서둘러 추진했다.

또 보도 우선순위에 있어서도 방송매체보다는 일간지 중심 홍보가 더 효과적이라는 것도 홍보업무를 하면서 경험으로 터득했다.

일간지 기사가 크게 전면 판으로 보도되면 방송매체는 어렵지 않게 섭외가 들어온다는 것도 깨달았다. 물론 그 반대의 경우도 있을 수도 있겠지만…… 여기서 공무원들에게 꼭 인식시키고 싶은 것 한 가지가 있다.

대부분의 공무원들(꼭 공무원뿐이겠는가? 축제를 주관하는 민간인들도 마찬가지지만……)은 축제를 홍보하면서 사전 홍보개념이 전무하다는 것이다. 이것은 공무원들이 취급하는 홍보업무가 대부분 공보업무에 치중하다보니 자기도 모르게 그런 습성이 생기는 것이 당연한 것이 아닌가 하는 생각도 든다.

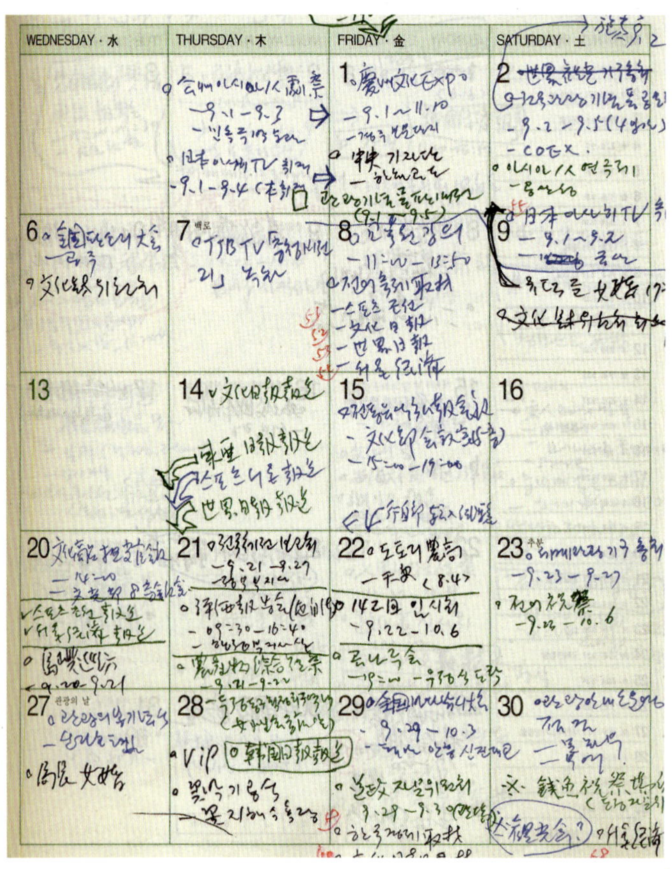

2000. 9. 업무수첩

전어굽는 냄새에 집나간 며느리도 돌아온다는 홍원항 전어축제

지금까지 지방정부에는 공보담당자는 있어도 홍보 · 마케팅 실무자는 없는 게 현실이니까(지금은 많이 나아졌지만) 어쩔 수 없는 일인지도 모른다.

관광객에게 최대의 만족을 주고 지자체나 축제 주관자의 목적을 가장 효율적으로 달성시키는데 가장 필요한 전략인 마케팅에는 거의 관심이 없는 것이 안타까운 현실이다.

지금까지 단지 언론을 대상으로 호의적인 보도가 나가도록 노력하는 기능만을 수행하는 것으로 자족한 셈이다. 뿐만 아니라 홍보기사 크기도 조그만 박스기사 정도나 2~3단짜리 홍보를 연상하지, 전면 판 홍보는 상상도 못한다.

따라서 축제기간 중에 또는 축제 후에라도 보도가 되면 홍보가 됐다고 홍보실적으로 잡아준다.

그러나 그런 홍보는 축제 중에 관광객 유치를 목적으로 하는 홍보로서는 거의 가치가 없는, 별로 쓸모없는 홍보인 것이다. 축제에 참가하기 위해 떠난다면 축제 정보를 미리 접해야 일정조정이나 비용 또는 함께 축제에 참가하는 대상 등을 결정해야 하기 때문이다.

이 글을 쓰면서 사실 너무 혼자 잘난 체 하는 것 같아 이 부문은 뺄까도 했으나 이런 내용을 빼면 내가 전하고자 하는 핵심 메시지를 빠뜨리는 결과가 되는 것 같아 적으니 해량하며 읽어주셨으면 한다.

내가 이런 이야기를 전하는 것은 내가 관광 업무를 10여 년간 하면서 만난 공무원, 축제주관 민간인 등 대부분이 이러한 안이한 인식을 지니고 있어 안타까운 마음 금할 길이 없어 들려주는 이야기다.(그 중에는 그 나마의 홍보개념도 없는 경우도 적지 않았지만…….)

이렇게 시작한 홍보 노력에 제일 먼저 문화일보 L기자의 기사를 필두로 보도가 시작됐다.

"서해로, 맛의 바다로 어서 오시랍니다."라는 타이틀로 나간 문화일보 9월 14일자 보도를 필두로 스포츠 조선의 K기자의 "전어 굽는 냄새에 집나간 며느리도 돌아온다는 그 맛!" 서울경제 C기자의 "고소한 전어 맛 혀끝 감싸는 황홀감!" 동아일보 J기자의 "해질녘 황금해변의 황홀경, 은빛가을 전어 입맛 돋우고" 세계일보 J기자의 "장엄한 일몰……. 인심 맛 끝내줘요.” 스포츠서울의 L기자의 “갓 잡아 올린 전어의 푸득임!” 한국일보 K기자의 은빛전어 회 한입 … 바닷바람 한 점” 조선일보 L기자의 “가을의 별미, 전어 맛보세요!” 대한매일 L기자의 “갯내음 맡으며 계절별미” 등 독자의 미각을 자극 할 수 있는 다양한 수사들을 제목으로 단 전면판 기사들이 봇물처럼 쏟아졌다.

그것도 단순한 보도가 아니라 지면 한 페이지 상당부문을 다 할애하는 전면 판 보도를 아홉 개 중앙지들이 내보낸 것이다. 이렇게 되면 조금 과장하면 세상이 뒤집어 진다고 표현해도 크게 지나침이 없으리라.

한 페이지를 다 차지 할 정도의 신문기사로 크게 보도되면 TV섭외가 용이하다는 이야기를 했는데, 중앙 TV, 라디오는 물론 지방 신문 · TV · 라디오도 앞 다퉈 보도전쟁이 벌어지는 현장이 연출된 것이다.

이러다보니 완전히 전어가 장안의 화제로 급부상했다.

필자의 아내가 마침 미용실에 갔는데 주부들의 입소문이 자자하더란다.

“홍원 항 전어축제 갔다 왔어?”

“아니 난 다음 주말에 가봐야겠어 그게 요새 난리라던데 ……”

보통 축제를 한다면 지방신문 구석에 2~3단 조그만 기사 몇 개 실어놓고 홍보했다고 스크랩 해놓고 하는 축제가 아닌, 전국을 뒤흔드는 축제가 된 것이다. 홍원 항에 들어가기 위해서 차가 진입을 못해 2~3시간씩을 대기해야 하고, 오죽하면 전어 물량이 떨어져서 난리가 나고, 오신 손님을 다 수용 못해서 아우성이고…….

서천 전어축제에 참가해 맨 손 전어잡기를 즐기는 참가자들

이렇게 되니까 오후 세 네 시경이 되면 홍원 항 내 생선 위판장을 비롯한 모든 점포의 생선이란 생선은 다 동이나 싹쓸이 되고 일대 난리가 났다. 그런데 이런 행사를 치루면서 정말 사람의 욕심은 끝이 없음을 실감할 수 있는 사례들이 곳곳에서 나타났다.

전국에서 계속해 한없이 몰려드는 관광객, 전어를 먹고 싶어도 더 이상 들어갈 자리(텐트)가 없어 아우성인데도, 점포(텐트)를 늘리려고 하니 입점 주민들은 늘리지 못하게 가로막았다.

진짜 그대로 두고볼래야 볼 수 없는 한심한 현상을 보면서 이렇게까지 인간이 이기적일 수 있을까 라고 이기심의 극치를 보여주는 것 같았다.

아니 자기들이 스스로 시작한 사업도 아니고, 가만히 있는 사람을 등 떠밀어 전어 장사 시켜 하루에 수 백 만원씩을 버는데……. 하루에 수 천 만원씩 벌어야 성이 찰지, 먼 길 왔다가 쳐다만 보고 못 먹고 그대로 가는 사람들은 어떡하라는 건지 정말 이해가 되지 않았다.

또 하나의 사례는 전어의 매입물량을 다 주지 않는 바가지 상술이었다.

전어 1kg이면 19마리정도가 되는데 11마리 정도만 주고 마는 것이다. 그것도 한두 마리는 아주 작은 것으로 말이다. 이런 행태를 보이면 한번 왔던 사람이 앞으로 이곳을 다시 찾겠는가?

손님이 많이 온다고 해서 마음이 변하면 한 번 떠난 인심을 다시 잡기는

서해안 21번 국도변

서해로, 맛의 바다로 어서 오시랍니다

錢魚앞에서 말을 잊었다

대천 꽃게요리는 '토종 시푸드' 진수

"서해로, 맛의 바다로 어서 오시랍니다"라는 제하의 문화일보 기사

굽는 냄새에 집나간 며느리도 돌아온다는 바로 그 맛!

충남 서천 홍원항 전어축제

관광 포인트

오픈 서해안을 찾으면 별미여행이 솔솔하다.

꽃게에 이어 통통하게 살이 오른 싱싱한 대하가 본격적인 출하시기를 맞았고, 보령 오천항의 키조개도 여름 금어기를 끝내고 이달부터 맛을 선보이기 시작했다.

올가을의 돋보이는 별미는 전어. 예년 이맘때가 가장 씨알이 굵고 맛이 절정기에 달해 서해안 포구 곳곳에서는 전어굽는 고소한 냄새가 진동한다.

국내 대표적인 전어 생산지인 충남 서천의 홍원항. 20여척의 전어잡이 배가 수시로 항구와 앞바다를 오가며 갓잡아온 전어를 쏟아낸다.

'구워 먹고 회로 먹는' 씨알 굵은 전어 가을별미 왕중왕

23일~내달 6일 양반고을 푸짐한 인심 곁들여 미식가 손짓

부산에서온 횟집 차량들이 전어를 가득 싣고 떠난뒤 남은 전어는 관광객들의 몫. 관광객들은 '파닥파닥' 뛰는 전어를 사서 방파제에서 준비해온 석쇠와 번개탄으로 전어를 굽는다.

고소한 냄새가 항구를 뒤덮는다. 뒤늦게 도착해 전어를 사지못한 관광객들은 냄새를 따라 이곳저곳을 기웃거린다.

"쳐다보지만 말고 어서들 먹어봐요!"

인심도 후하다. 소주잔이 돌고, 생전 처음본 사람들이 친구처럼 금세 친해지며 이야기꽃을 피운다.

전어는 갈치와 멸치, 밴댕이처럼 성미급한 고기로 잡히면 제성미를 못참아 곧 죽어버린다.

때문에 미식가들은 항구에 기다리고 있다가 수시로 들어오는 전어잡이 배에서 전어를 사 즉석 회나 구이로 먹는다.

'가을전어'를 찾는 사람들이 늘어남에 따라 홍원항에서는 맛이 절정에 달하는 23일부터 다음달 6일까지 '전어축제'를 개최, 맛 기행지로 권할만하다. 오고가는 길에 보령 오천항의 키조개도 맛볼 수 있어 일석이조의 여행이 될직하다.

서천군 서면 도둔2리 최명진 이장(43)은 "예로부터 '전어 머리에는 깨가 서말 들어있다' '전어굽는 냄새에 집나간 며느리가 돌아온다'라는 말이 있듯이 가을전어의 고소한 맛은 소문나 있다"며 "가을 전어 맛을 전국에 알리기 위해 축제를 개최하게 됐다"고 말했다.

축제기간동안 즉석 구이시설이 마련되며, 요즘 많이 잡히는 대하, 꽃게를 비롯해 자하젓, 까나리 액젓 등 풍성한 먹거리 장터도 운영한다.

<홍원항(충남 서천)=김순근 기자 skim@>

전어요리 일반 회와 달리 고기를 들쑹들쑹 썬 회와 뼈까지 통째로 썰어나오는 세꼬시, 굵은 소금을 뿌려 굽는 구이, 회무침, 회덮밥 등이 대표적. 가격은 15~20마리 1kg에 1만원선. 식당에서 회를 먹을 경우 1kg에 2만원선. 1kg단위로 냉동포장한 전어를 7000원~1만원에 판매한다

가는 길

전어구이

"굽는 냄새에 집 나간 며느리도 돌아온다는 바로 그 맛"이라는 타이틀의 스포츠조선기사

처음 시작 때보다도 몇 배 더 어려운 것을 아는 필자로서는 내년, 후 내년도 계속해서 전어를 팔아야 할 터인데……. 이만저만 걱정이 아닐 수 없었다.

하는 수 없이 주민 스스로 자율적으로 지켜지지 않으면 타율적으로라도 지키게 하는 것이 장기적으로 그 주민들 그 지역을 위하는 길이라 생각되어 서천군과 협의해서 각 점포마다 전어 1kg에 전어 18~19마리라고 복사코팅해서 부착토록 했다. 이러한 과정을 거치면서 전어축제가 성료(盛了) 됐다. 문자 그대로 명실공이 성료 된 것이다.

'진짜, 진짜 성료 됐다. 성료라는 표현을 백 번 써도 지나침이 없는 성료였다. 요즘 축제가 끝났을 때 지역 언론의 보도를 보면 어김없이 성료라는 표현을 쓰지 않은 보도를 거의 보지 못했다. 가끔 알맹이 없는……. 등의 표현도 있기는 있지만…….'

정말로 그다지 주목받지 못할 정도로 가치조차 없는 축제도 관대하게도 성료라고 표현 했다. 축제과정과 결과 등의 잘된 점과 잘못된 점 등의 분석 보도를 통해서 앞으로의 방향도 제시해주면 축제 추진 주체에도 도움이 되련만…….

고소한 전어맛… 혀끝 감싸는 황홀감

서천 홍원항

서해안 21번 국도를 타면 나타나는 충남 서천군 서면 홍원항. 이곳은 지금 어부들은 물론 갈매기마저 바쁘다.
전어가 제철이기 때문이다. 땅거미가 내릴 때부터 고기잡이 배들이 들어오는데 포구 전체가 떠들썩한 활기로 가득 찬다.
선원들은 랜턴을 환하게 밝히고 전어를 부리느라 바쁘다.
부산에서 원정온 활어차의 엔진 소리도 부산하다.
전어를 석쇠에 올려 소금을 살살 뿌린 뒤 노릇노릇 구울 때 그 고소한 냄새. 연한 뼈와 함께 씹으면 혀끝에서 살살 녹아내리는 듯 하다. 오죽하면 「집나간 며느리도 전어 굽는 냄새를 맡으면 집에 돌아온다」는 옛말까지 있겠는가.

서천군 홍원항에서 전어를 구워먹고 있는 관광객들.

9월말부터 11월초까지 제철
회·구이·무침등 가을 입맛 유혹

전어는 대표적인 가을 생선. 바닷물이 차가워지는 9월말부터 11월초까지 최고의 맛을 낸다. 한달 반 정도의 이 좋은 시기를 놓치면 전어는 비린내가 나고 고소한 맛을 금방 잃어버린다. 값비싼 자연산 돔이나 농어도 가을 전어에 비할 바가 아니다.

서울 사람들은 전어가 어떻게 생겼는지 잘 모르는데 전어는 몸통이 얇고 푸르면서도 누런 빛을 띤다. 등에는 갈색반점으로 된 세로줄이 나 있고, 배쪽은 희다. 몸 길이는 150~310㎜ 정도. 요리 방법은 회, 세꼬시, 회무침, 구이, 매운탕, 회덮밥 등 다양하다.

회는 전어의 뼈와 내장을 제거하고 가로로 얇게 썰어 먹는다. 양념 된장에 찍어 상추에 싸 먹으면 입안 가득 바다 냄새가 퍼지는 듯하다. 풍미의 핵심은 고소하면서도 감칠나는 맛. 「가을 전어는 깨가 서말」이란 말처럼 기름기가 많고 단백질과 불포화지방산, 철분 등이 풍부하다. 미식가들은 아예 뼈째 먹는 세꼬시를 더 선호한다.

구이도 맛있다. 비늘만 살짝 제거하고 소금을 뿌린 뒤 구워야 살이 부스러지지 않고 골고루 익는다. 그러나 구이 전어는 내장을 빼면 먹을 게 많지 않다. 꼬리 부분만 마파람에 게눈 감추듯 후다닥 해치우기 쉬운데 구이내장도 함께 먹으면 독특한 맛을 음미할 수 있다.

가격은 현지에서 1㎏에 7,000~1만원. 큰 것은 15마리, 작은 것은 20마리 정도이다. 옛날 중국 화폐와 비슷하게 생겼다 하여 전어(錢魚)라지만 값이 싼 서민들의 생선이다. 인근 식당에서는 2만원에 4인이 회를 푸짐하게 먹을 수 있다.

서천군 홍원리 이장 최병진(42)씨는 「5년 전부터 전어회 원조인 부산에서 활어차가 많이 온다」면서 「중간 단계를 거쳐 4~5배나 비싸게 팔린다」고 귀띔한다.

전어는 성질이 급해 금방 죽어버리는 어종. 그러나 요즘엔 어업 기술이 발달해 집으로 가져가 다음날 먹어도 된다. 틀채 모양의 그물인 서조망이나 양조망을 이용해 산채로 전어를 잡기 때문이다. 최씨는 「전어를 얼음에 재거나 급속 냉동하면 하루 뒤에도 전어회의 제맛을 즐길 수 있다」고 말한다.

/서천(충남)=최형욱기자 choihuk@sed.co.kr

여행쪽지

◇**홍원항 전어축제**= 오는 23일부터 10월6일까지 14일간 열린다. 활어 장터는 신선한 전어의 맛을 음미할 수 있는 기회. 한산소곡주·자하젓·까나리액젓·서천김 등 지역 특산물도 판매한다.

토·일요일에는 풍물놀이, 관선과 풍어를 기원하는 [illegible] 시연도 있다. 특히 저녁 노을이 아름다운 홍원항에서는 갯내음 물씬 풍기는 포구를 배경으로 사진촬영 대회가 열린다. 문의 홍원리 이장집 (041)952-3328

◇**대하도 제철**= 보기만 해도 군침이 도는 자연산 왕새우가 현지에서 1㎏에 2만7,000원 정도. 소금 석쇠구이로, 회로, 찜으로 어떻게 먹어도 맛있다. 이맘때면 서해안에서는 대하축제도 열린다. 홍성군 서부면 남당리는 오는 23일부터 10월3일까지, 태안군 근흥면 안흥항은 오는 29일부터 10월3일까지다.

◇**주변 관광지**= 춘장대해수욕장과 마량리 동백나무숲이 유명하다. 금강하구둑에서는 철새를 볼 수 있고, 희리산 자연휴양림·장항송림산 산림욕장도 권할만하다. 유적지로는 이상재 선생생가, 서천·한산·비인 향교등이 있다.

◇**가는길**= 자동차(서울기준)로 경부고속도로~대전 회덕 JC~논산 지방도 68번~강경 국도29번~서천군~홍원항. 대중교통은 강남고속터미널에서 서울~서천간 시외버스(약 4시간30분 소요)나 장항선 서울~서천간 열차(4시간 소요)를 이용한다. 서천에서는 홍원항 행 시내버스 이용. 종합문의 서천군 문화공보실 (041)950-4224

"고소한 전어 맛 … 혀끝 감싸는 황홀감"이라는 제목의 서울경제 기사

충남 서천

해안 나들이

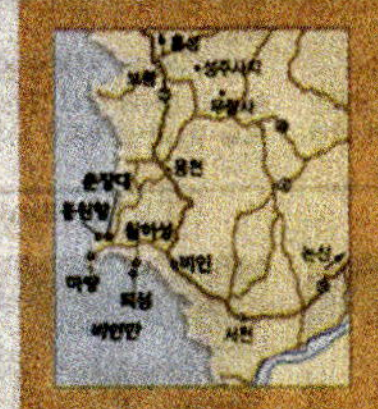

기대가 크면 실망도 크다고 했던가. 그래서 때로는 전혀 알지 못하는 곳을 찾고 싶은 생각이 들 때가 있다. 아예 기대하지 않은 터이니 실망도 없을 것이고, 더러 운이 따른다면 예상치 않았던 즐거움도 얻을 수 있으리라는 '막연한 기대감'에 기분전환도 되기 때문이다. 그래서 찾아간 곳이 충남 서천군의 바닷가인 마량. 아는 것이라고는 서천화력발전소가 들어선 서해안의 허다한 반도형 돌출부의 하나라는 것. 지난해부터 여름 한 철에만 관광열차가 운행되는 춘장대해수욕장이 있다는 것 정도. 주변 바다이름(비인만·灣)이 오스트리아의 수도(빈·Wien)와 닮아 처음 들은 까까머리 중학생 때 이후 지금까지 뇌리에서 잊혀지지 않았던 곳. 그런 질긴 인연 덕에 마량포구로 떠나는 데는 어떤 주저함도 없었다.

해질녘 황금해변의 황홀경 은빛 가을전어 입맛 돋우고…

그러나 막상 당도해 보니 역시 오길 잘 했다는 생각이 들었다. 서천군 비인만의 75km 해안선의 상당부분을 이루는 뒤섬 앞 고운 모래해변(서면 월하성리)은 아이들과 강아지를 데리고 아무 생각없이 산보하기에 그만이다. 작은 게가 구멍 뚫어 아무렇게나 흩뜨려 놓은 모래알갱이의 기하학적 배치와, 둥그런 비인만의 바다 저편 해변 뒤로 허무에 휩싸여 수채화처럼 아스라이 보이는 겹겹의 산을 스케치하듯 감상하는 것도 즐겁다. 잔잔한 바다를 점점이 장식한 녹음 짙은 작은 섬을 하나 둘 세면서 달리는 호젓한 비인만의 해안가 드라이브도 모처럼의 휴식을 진정한 휴식으로 만들어 준다. 이름 '비인'에서 언뜻 느껴지는 서정과 낭만, 순수함, 아련함 같은 것들이 적당히 뒤섞인 채로 열어젖힌 가슴에 사랑스럽게 안긴다.

마량포구의 방파제 끄트머리. 여기서 바다는 350도 각도로 펼쳐진다. 이런 지형 덕분에 실제로 보기 전까지는 이해하기 어려운 '서해의 바다일출'과 서해낙조를 모두 즐길 수 있다. 서천화력발전소 옆 동백나무숲 언덕 꼭대기의 동백정에서 감상하는 일몰도 일품이다.

가을 전어 큰잔치 요즘 서천군 앞바다에서는 전어(錢魚)가 풍어다. '가을 전어 머리에는 참깨가 서말'이라는 말도 있듯 기름이 올라 육질이 부드러운 가을 전어는 요즘이 제철. 마량반도의 홍원항(서면 도둔리)에서는 23일~10월 6일에 이런 가을전어를 한껏 맛볼 수 있는 전어 큰잔치를 열었다. 19일 오후 홍원항에 입항한 어선 송석호(7t)에서 부려진 산 전어는 햇빛을 받아 눈이 부실만큼 반짝이는 은빛비늘로 뒤덮여 있었다. 그 자리에서 배를 따고 비늘을 벗겨 갖은 야채와 함께 초고추장에 버무려 회무침을 해준다. 또 칼집을 내어 굵은 소금을 뿌려 잠시 재어 둔 전어는 석쇠에 올려 두고 번개탄 불에 구워서 먹는다.

주민들은 축제기간에 홍원항에서 전어무침(20마리·1kg)은 2만5000원, 전어회와 전어구이(〃)는 2만원에 낸다. 서천명주인 한산 소곡주(700㎖·1만5000원 가량)와 함께 들면 금상첨화. 대하찜게도 먹을 수 있고 까나리액젓도 살 수 있다.

가는 길 △국도(21번)이용시=천안~온양~예산~홍성~대천~웅천~비인 △고속도로(호남선)이용시=호법분기점~호남고속도로~논산IC~연무~강경~한산~서천~비인. 대체로 국도이용시 거리(233km)는 단축되나 운행시간(3시간반~4시간반)은 더 걸린다.

문의 서천군청 문화공보실 041-950-4224

패키지여행 홍원항 전어 큰잔치를 다녀오는 당일 여행상품이 판매중이다. 가격은 3만5000원. 한산모시관 동백나무숲 춘장대해변도 들른다. 〈표 참조〉 〈조성하기자〉

summer@donga.com

	승우여행사	볼거리여행사
출발	23, 24일	24일, 10월 1, 3일
전화(02)	720-8891	774-5092

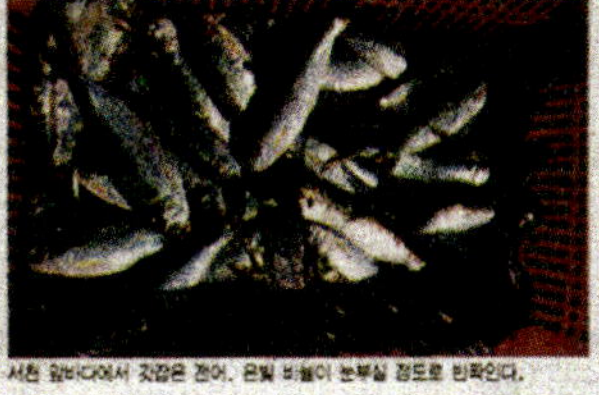

서천 앞바다에서 잡힌 전어. 은빛 비늘이 눈부실 정도로 빛난다.

"충남 서천 해안 나들이"라는 제하의 동아일보 기사

장엄한 일몰…"인심-맛 끝내줘요"

충남서천 관광객 유혹

춘장대등 4계절 경관
홍원항엔 고깃배300척
'전어잔치' 북적북적
낚시꾼들 손맛 짭잘

충남의 가장 남쪽에 위치한 서천이 최근 사계절 관광명소로 각광받고 있다.

서천은 80여㎞에 이르는 길다란 해안선을 끼고 있으며 월명산과 청방산, 건지산 등 높지 않은 산들에 둘러싸인 작은 구릉과 평야지대로 이뤄진 곳이다.

이곳은 서해안의 다른 지방에 비해 개발이 덜 된 지역이어서 그런지 아직 옛 시골의 훈훈한 인심이 살아있는 '정감있는 고장'으로 통한다. 이 때문에 미각과 때묻지 않은 순수를 찾아 여행을 떠나는 사람들에게 인기를 얻고 있다.

서천에서는 춘장대해수욕장과 동백나무숲, 금강하구둑, 장항 송림삼림욕장 등 아름다운 자연경관을 만날 수 있다. 서해안 지역이 모두 그렇지만 수평선에서 펼쳐지는 일몰장면은 그야말로 장관이다.

"끼룩~ 끼룩~"하는 갈매기 소리와 "싸악~ 싸악~"하는 바다소리를 함께 들을 수 있는 작은 항구나 포구에서 바라보는 일몰은 더욱 운치있다. 특히 서면 도둔 9리(홍원마을)에 위치한 홍원항의 방파제는 일몰을 보기에 가장 멋진 장소로 꼽힌다.

일몰 직전 더욱 붉은 빛을 발하는 태양은 아쉬움을 떨치기라도 하듯 쏜살같이 수평선 너머로 사라진다. 서해의 주요 어장인 외연도와 연도어장에서 가장 가까운 거리에 있는 홍원항에는 300여척의 고깃배가 있다.

동틀 무렵 이곳을 찾으면 유유히 날갯짓하는 갈매기떼와 떠오른 태양이 비친 바닷물로 어우러진 비경을 만날 수 있다. 특히 전날 저녁이나 오전 2~3시 고기잡이 나갔다 돌아오는 배가 항구에 닿을 때 쯤 바다에서 일제히 비상해 만선을 맞는 갈매기떼의 모습은 관광객들의 마음을 사로잡는다.

이곳엔 대하 꽃게 삼치 농어 광어 도미 낙지 전어 등 미각을 돋우는 생선이 즐비하다. 그러나 요즘 서천에서 특히 내세우는 것은 가까운 바다에서 잡는 전어다. '가을 전어는 깨가 서말'이라는 말이 있을 정도로 전어회는 고소하면서도 감칠 맛이 돈다.

구이도 마찬가지다. '집나간 며느리도 전어굽는 냄새 맡으면 집에 돌아온다'는 말까지 있다. 전어가격은 15~17마리(1㎏)에 2만원선이다.

고대 중국의 화폐모양과 닮았다고 해 전어(錢魚)라지만 정작 값은 싼 편이다. 홍원마을 주민들은 23일부터 10월6일까지 '홍원항 전어 큰잔치'를 연다.

이장 최병진(43)씨는 "어부들은 직판으로 제값을 받고 소비자들은 가을철 별미를 값싸게 맛보도록 하기 위한 행사"라며 "주민들의 소박한 인심도 함께 만날 수 있을 것"이라고 말했다.

서천에선 봄에는 동백꽃이 피어있는 가운데 주꾸미 잔치가, 그리고 5월엔 한산모시제 등이 열린다. 여름에는 춘장대 등 각 해수욕장을 찾을 수 있으며 겨울엔 철새떼를 만날 수 있다.

또 넓은 갯벌에선 맛살과 조개를 잡으며 갯벌 및 바다체험을 해 볼 수 있는 곳이다. 해안선을 따라 드라이브를 즐기는 이들과함께 마량리방파제, 홍원항 방파제 등 각 방파제등에 손맛을 보려는 가족단위의 낚시꾼들이 눈에 띈다.

/서천=글·사진 조원익기자
wick@sgt.co.kr

◇홍원항 갈매기떼들이 일제히 비상해 만선을 환영하고 있다(사진 위). 전어 석쇠구이.

"장엄한 일몰 … 인심 · 맛 끝내줘요"라는 타이틀의 세계일보 기사

여행·레저

가을 바다의 으뜸 먹거리는 전어(錢魚). 이맘 때면 경남과 충남, 그리고 함경도 바닷가는 전어의 풍미를 즐기는 사람들로 붐빈다. '집 나간 며느리 전어 굽는 냄새 맡고 돌아온다' '가을 전어 대가리엔 참깨가 서말' 이라는 말이 있을 정도로 전어의 맛은 각별하다.

충남 서천 전어축제

전어가 제철이다. 은빛 전어의 고소한 맛은 입 속에서는 물론 가슴 속 추억에도 남는다

은빛 전어 회 한입… 바닷바람 한점

돈(錢)이 아깝지 않은 고기라는 의미를 가진 전어. 비린 듯 고소하고, 담백한 듯 하면서 풍부한 맛이 넘친다. 회는 물론 온갖 야채를 넣고 듬뿍 버무린 무침, 어슷하게 칼집을 내고 왕소금을 뿌려 숯불에 올린 구이 등 요리법도 다양하다. 지방이 2%밖에 없어 다이어트 식품으로도 으뜸이다. 깊은 바다에 살다가 9월 중순부터 3월 말까지 연안에 떼로 몰려들어 강 하구와 부둣가를 은색으로 수놓는다. 맛이 가장 좋은 시기는 지금부터 11월 말까지. 고깃배들이 전어잡이에 열을 올릴 때이다.

충남의 아담한 고기잡이 마을 홍원항(서천군 서면 마량리, 도둔리)이 가을 전어 축제를 벌이고 있다. 10월6일까지. 마을의 회 잘 뜨는 아낙네들이 빠짐없이 나와 잔칫상을 차린다. 주민들이 추렴해 800만 원을 마련했고 군에서 200만 원을 보탰다. 작지만 추억은 물론 이익도 많이 남는 축제이다. 전어는 다른 횟어에 비해 가격이 저렴하다. 1kg에 2만 원 선. 2kg이면 4, 5명이 충분히 먹을 수 있다. 1kg는 회로 썰고 1kg은 반을 나눠 무치거나, 구우면 전어의 풍미를 빠짐없이 즐길 수 있다. 고소한 뒷맛에 소주잔이 절로 넘어간다.

잔칫상에는 전어만 있는 것이 아니다. 한산 소곡주, 자하젓, 까나리 액젓, 서천 김, 꽃게 등 특

2만원이면 4, 5명 배불러
해돋이·해넘이도 볼만

산물 장터도 운영된다. 흥겨운 가락이 빠질 수 없다. 축제 기간 내내 풍물놀이가 작은 항구에 메아리친다.

마량리는 서해안에서 드문 해돋이 마을. 서천의 꽃부리가 비인만을 감싸고 남쪽으로 휘돌아 동쪽 바다를 볼 수 있게 했다. 마량 방파제에서 바다 위로 떠오르는 해를 감상할 수 있다. 서해안이니까 해넘이도 일품이다. 천연기념물 169호인 동백나무 숲이 해안으로 나있다. 숲은 언덕 위에 있는데 동백정이라는 정자가 놓여있다. 정자에서 보면 앞바다의 오력도 뒤로 해가 넘어간다. 오력도는 소나무가 무성한 섬. 소나무를 까맣게 태우면서 넘어가는 해의 모습이 아름답다.

최근 서해안 최고의 해수욕장으로 떠오른 춘장대 해변이 지척이다. 곱게 뻗은 송림과 드넓은 갯벌이 일품인 춘장대 해변은 피서철이 아니더라도 가족 나들이에 제격이다. 사람의 발길에 소스라치며 줄행랑을 놓는 작은 게, 숨구멍을 남기고 모래 속에 숨은 쏙(바닷가재의 일종) 등이 지천이다. 아이들의 탄성이 터진다.

/서천=글·사진 권오현기자 koh@hk.co.kr

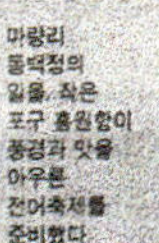

마량리 동백정의 일몰. 작은 포구 홍원항이 풍경과 맛을 아우른 전어축제를 준비했다

밤 바닷가 횃불아래 조개·낙지줍는 재미
'해루질' 여행상품 나와

'해루질'을 아십니까? 대형 국어사전에도 수록되지 않은 단어라 아는 사람이 거의 없다. 해루질은 캄캄한 밤에 바닷가에서 횃불을 들고 조개, 낙지, 해삼 등 갯것을 채취하는 것이다. 충남 해안 지방의 방언이다. 대낮에 바닷가를 헤매는 것보다 훨씬 많은 양을 잡아낼 수 있다. 낯선 불빛에 갯것들이 방향감각을 잃고 제자리에 멈추어 서기 때문에 그냥 주워 담으면 된다. 바닷가가 고향인 사람들은 누구나 해루질의 추억을 갖고 있을 것이다.

해루질 여행상품이 나왔다. 바다 여행 전문사인 갈동이 있는 여행은 9월 30일부터 11월11일까지 격주로 토·일요일을 이용한 1박2일의 해루질 여행을 떠난다. 장소는 충남 태안군 근흥면 연포해수욕장. 첫날 연포로 이동, 밤이 들면 해루질로 조개와 낙지를 잡고 이튿날 안흥 신진항과 대하·꽃게 축제를 관람한다. 별도의 비용을 지불하면 태안반도 해상유람과 덕산온천 온천욕을 즐길 수 있다. 참가비는 성인 8만4,000원, 어린이 4만9,000원이다. 기업체 등에서 단체로 참가할 경우 1인당 4만5,000원. 학생단체는 초·중학생 3만5,000원, 고등학생 3만9,000원이다. (02)2614-6735 /권오현기자

"충남 서천 전어축제 은빛 전어 회 한입 … 바닷바람 한 점"이라는 제목의 한국일보 기사

서천 홍원항 전어축제 63억 여원 왕대박

아무튼 전어축제는 대대적인 홍보에 힘입어 축제의 최대 목표인 경제적인 성과 면에서 대박이 터졌다.

전어를 포함한 각종 수신물과 숙박업소의 숙박료, 지역 특산품 판매로 총 63억여 원 판매 수익을 올린 것이다. 당시 언론의 평가를 보면 이렇다.

"1천3백만 원 들여 63억 소득, 투자비 4,860배의 효과"(중앙일보 2000.11.9일자)

"서천전어축제 짭짤한 모범, 지방자치단체의 각종 행사성경비가 늘어나지만 경제적 효과가 없음에 비해 홍원 항 전어축제는 천막 설치비등으로 500~600만원이 들어갔을 뿐, 사실상 돈이 들지 않은 행사임에도 62억 2천만 원의 수익을 올렸다."(한겨레신문 2000.11.9일자)

이렇게 돈을 들이지 않고 돈을 벌 수 있는 방법이 있으니 필자가 어찌 미련을 버릴 수 있겠는가. 또 서천관광에 대한 이미지제고는 물론 "아, 이게 되는구나!"라는 가능성과 자신감에 대한 강한 확신을 갖게 된 것이 어찌 보면 더 큰 소득일 게다.

그러나 이러한 큰 성과에도 불구하고 문제점도 많았다.

물론 준비 없이 갑자기 예상치도 못했던 너무나 많은 관광객이 운집하는 행사를 치르다 보니 주차공간의 부족(인근에 큰 매립지를 활용했는데도)으로 애를 먹었고, 화장실 · 음료수 판매시설 · 휴식공간도 턱없이 부족해 관광객이 큰 불편을 겪었다. 특히 참여 주민의 바가지 상혼 등으로 인한 관광객 불만 등 개선해야 할 과제도 남겼다.

무엇보다도 예상을 훨씬 뛰어넘는 관광객으로 전어물량을 확보하지 못해 전어잔치에 오셔서 전어 맛을 못보고 가시는 분들이 있어 안타깝고 송구하기 그지없었다. 이 지면을 통해 이 분들께 사죄를 드린다.

축제가 끝나고 나서야 안 사실이지만 홍원 항에서 전어축제를 처음 시행한 것은 아니었다. 이미 마산과 광양에서도 전어축제를 했었는데 전국적인 홍보를 타지 못해 동네 축제에 그쳤던 것이다.

그럼에도 이 축제장을 찾은 관광객들은 서해 저녁노을의 아름다운 경관을 바라보며 인근 바다에서 갓 잡은 싱싱한 해산물을 저렴한 가격으로 즐길 수 있고, 갈 때는 산지 해산물을 중간 유통단계를 거치지 않고 산지 직거래를 통해 구입해 갈 수 있어 아주 호응이 좋았다.

당시만 해도 서해안 고속도로가 개통된 것도 아니어서 수도권은 물론 전국에서 찾아오기가 쉽지 않은 아주 열악한 교통여건이었다. 그럼에도 대규모 인원 유치가 가능했던 것으로 미루어 보아 서해안 고속도로 개통을 앞둔 지역민들에게는 앞으로 더 큰 기대를 하기에 충분했다.

또 이런 축제의 성공에 힘입어 서천군에서는 인근에 있는 춘장대 해수욕장과 홍원 항 · 마량 항을 연계한 관광벨트 조성 구상도 탄력을 받게 되는 결과를 초래했다.

따라서 마량포구 일출 · 일몰 · 춘장대 해수욕 · 전어 등 해산물로 사계절 관광이 가능하여 서천관광의 희망을 볼 수 있게 되었다. 지방 자치단체가 주민을 위해 존재하고 주민을 위한 행정을 한다고 기회 있을 때 마다 강조하지만, 그것은 설명이 필요 없는 너무나도 당연한 일이다.

그런데 한 가지 이상한 것은 중앙정부와 지자체들이 연중 사계절 밤낮을 가리지 않고 주민을 위한 일을 하고 있으나, 정작 주민은 "아, 국가가 또는 지방자치 단체가 우리를 위해서 OOO 일을 해주어서 정말로 고맙구나!"라고 진정으로 고마워하는 경우는 그리 많지 않은 것 같다.

고맙지 않아서 그런지, 아니면 고마워도 고맙다는 표현을 하지 않아서 그런 것인지……? 너무도 당연한 일이기에 고맙다고 할 필요가 없어서 그런지……?

주민이 고마워하는 사례를 보지도 못했고 듣지도 못한 것 같다. 이런 현상은 '대민 서비스가 지방자치단체가 해야 할 본연의 의무라기보다는 행정

수요자인 주민에게 특혜를 베푼다는 식의 행태는 없었는지?'를 반성해봐야 하는 것은 아닌가?

그런데 이 축제의 경우는 달랐다. 주민들이 정말로 고마웠던 모양이다.

축제가 끝난 후에 지역 주민들이 전어축제를 주관했던 서천군청의 해당과 직원 전원을 초청해서 풍성한 식사를 대접하며 고마워했다. 그리고 군수가 그 지역 주민들한테 마음으로부터 우러나오는 감사인사를 받기에 바쁘다는 소식을 들었다.

진짜 바로 이것이다! 지방자치단체 공무원의 존재가치는 누가 요구해서가 아니라 공무원 스스로 나서서 주민 소득을 올려 줄 수 있는 일을 해주는 것에 가장 큰 가치를 두는 자세, 마인드인 것이다. 공무원이 바로 이것을 큰 보람으로 삼는 일 말이다. 이러한 고마운 마음은 관의 신뢰를 높여주고 이러한 신뢰는 모든 행정이 원활하게 추진되는 바탕이 되리라.

축제가 크게 성공했다는데 얼마나 많은 돈을 썼을까. 당시 축제에 투입된 군 예산은 5백47만원이었고 주민 부담이 텐트 임차료 400여만 원 등 8백40만원을 부담하여 총 1천3백87만원이 들었다.

이 축제는 돈을 들이지 않고 돈을 번 국내의 가장 모범적 축제로서 기록되었고 관광관련 연구원·교수 등이 관광업계에서 성공 축제의 모델로 삼는 좋은 사례가 되었다.

축제가 한창 언론을 타고 연일 화제가 되자, 서천이 아닌 대전의 시내횟집 문짝에 조그만 광고 문안이 눈에 띄기 시작했다. '전어 회 취급함'이라고 나붙기 시작한 것이다. 이것은 굉장히 중요한 의미를 갖는 것이다.

바닷가 축제 현장 홍원 항에서 뿐만 아니라 서울 등 대도시는 물론 기타 도시에서도 전어를 찾는 손님이 생겼고, "전어 있어요?"라는 손님의 잇단 주문에 상인들이 대응하는 현상이었다.

비로소 전어 수요가 창출되기 시작한 것이다. 지금까지 도시횟집에서 아예 전어 관련 메뉴를 선보이지 않았거나, 선보였다 하더라도 쓰끼다시로만 썼던 천대받던 그 전어가 '전어 회' 라는 단독 메뉴로 승격 · 독립하는 특별한 의미를 지니는 것이다.

그 후 이 축제가 기폭제가 되어 해변은 물론 도시횟집 · 포장마차 등에서도 전어를 취급하게 되었고, 급기야는 자연산만으로는 전어수요를 감당하지 못해 '전어 양식시대' · '양식 전어 회 시대' 를 맞게 된 것이다.

그해 11월 중순경 서울 세종문화회관에서 다움 연구소 주관 심포지엄(문화관광의 미래 전문 인력이 핵심이다.)에 저자가 지정 토론자로 선정되어 토론회에 참석했다가 그곳에서 전에 기사를 썼던 기자 몇 분과 여행사 사장 한 분하고 함께 세종문화회관에서 멀지 않는 횟집에서 저녁식사를 하기 위해 들렀는데, 마침 식당주인이 주문 받으러 들어오면서 이렇게 투덜댔다.

"올 해는 전어를 달라는 양을 다 주지도 않고 값만 비싸다."

물고기를 싣고 온 수조차가 방금 다녀간 다음에 내뱉은 말이었다. 그래서 동석했던 한 기자가 "그 장본인이 이 사람"이라고 필자를 가리키는 바람에 한바탕 웃은 일이 있다.

필자는 가끔 강의 때나 담소를 나눌 때에 전어를 소개할 기회가 생기면 "전어와 나는 깊은 인연이 있다"고 말한다.

"내가 전어의 씨를 말린 못된 짓을 한 면도 있고, 전어를 제대로 생선대접 받게 해 '양반 생선' 반열에 오르게 한, 전어 입장에서는 그야말로 한을 풀게 한 좋은 면도 있게 했다."

그래서 전어와 나와의 인연을 플러스 · 마이너스 제로라고 말이다. 이렇게 상놈생선에서 양반생선 반열에 오른 전어는 전 국민의 사랑을 받아 폭발적으로 수요가 늘었고 지금은 웬만한 해변 마을마다 전어축제를 하지 않는 곳이 없을 정도가 되었다. 심지어는 소형트럭 전어 행상 아저씨들의 단골메뉴로도 자리 잡았다.

인터넷 검색창에 '전어축제'를 치면, 구리농산물전어축제 · 보성전어축제 · 서천홍원항전어축제 · 무창포전어-대하축제 · 안양가을전어축제 · 광양전어축제 · 명지전어축제 · 삼천포항전어축제 등 무수한 관련 축제들이 줄을 잇는다.

남해안과 서해안 웬만한 포구는 전어축제를 모두 한다고 해도 과언이 아니다. 일전에 어느 행사장에서 어떤 아주머니 한분을 만났다.

"바빠서 못 올 텐데 왔어요."

"아주머니가 무얼 하시기에 그리 바쁘세요?"

"대전 유성에서 횟집을 해요."

"그래 요즘 불경기에 횟집이 되십니까?"

"무슨 말씀이에요. 요새 전어 팔기에 바빠요."

바쁜 정도가 아니라 물량확보가 어려워 자기 가족중에 한 사람이 서해안에서 상주를 한다고 했다.

"이 아주머니도 나 땜에 먹고 사는구나. 허허허……"하고 혼자 중얼거렸다.

정말로 지나가는 소형트럭에 '전어잔치' · '전어축제 '라는 플랜카드를 붙이고 거리에서 전어장사를 하시는 분들 보기가 쉬운 풍경이 되었다.

이 분들을 볼 때마다, 홍원 항 전어축제 개발 당시의 일들이 스쳐 지나가면서 '아! 이 분들을 내가 먹여 살리는 것은 아니지만 장사를 할 수 있는 소재는 개발해 주었구나!' 라는 생각을 하면서 마음속 깊이 흐뭇함을 느낀다.

위에서 두서없이 여러 이야기를 했지만 이 행사를 통해서 얻은 가장 큰 소득은 '홍원 항 전어' 라는 확실한 지역 브랜드가 자연스럽게 자리 잡았다는 사실이다.

지금은 전국 여러 곳에서 전어축제를 하고 있지만 전어축제의 원조 홍원 항 전어를 따라 올 수가 없도록 확고한 위치를 선점한 것이다.

사람들은 전어철인 가을이 되면 전어축제를 하던 하지 않던 홍원항을 찾는다.

어떤 사안을 놓고 평가를 한다고 할 때, 자기 전문분야에 따라 시각이 다 다를 터인데 만약에 경제학을 전공한 경제 전문가의 입장이라면 전어로 밥 벌어 먹는 사람이 많아졌으니 이는 훌륭한 일자리 창출사업이고, '홍원항

서천 홍원 항 전어축제 행사장 전경

서천 마량포구의 동백꽃

서천 쭈꾸미 축제에 참가해 다양한 이벤트를 즐기는 관광객들

전어' 라는 확실한 브랜드 메이킹 프로젝트이며, 21세기 지역 활성화의 대안이라고 하는 홍원항, 서천이라는 확실한 지역(장소)마케팅(Place Marketing) 사업이라고 평가한다면 과장된 평가라고 말할 수 있을까?

사람의 욕심은 한이 없다고 앞서 언급한 바 있지만 필자의 욕심도 한이 없는 모양이다. 전어를 잘 팔아서 대박을 터트려 재미를 보고나니 또 다른 욕심이 생겼다.

이 곳 내 고향 서천은 비단 전어 말고도 계절마다 잡히는 생선이 많다. 그 중에 봄철에 나는 주꾸미에 눈독을 들이기 시작했다. 주꾸미에 눈독을 들이면서도 한 가지 걱정은 기자 입장에서 보면 잘 알려지지 않았던 전어는 기사거리가 충분해서 기사화하기가 용이했다.

반면에 주꾸미의 경우는 전국 어느 바다에서나 많이 잡히고 지금까지 국민 누구나 많이 먹어본 경험이 있는 것이기에 전어처럼 대박을 터트릴 수 있을까 하는 생각이 들었다.

아무리 생각해도 주꾸미 하나만 가지고는 상품성이 크게 떨어져 대규모 관광객 유치가 쉽지 않을 것 같아 연계해서 판매할 소재를 찾던 중 주꾸미가 많이 잡히는 그 철에 동백꽃이 피는 사실을 확인했다.

그리고 마침 그곳 마량포구에는 600여년 수령의 동백꽃 숲이 위치해 있어 '동백꽃+주꾸미+바다경관' 을 묶으면 충분히 경쟁력 있는 상품이 가능할 것이라 생각되어 '동백꽃 주꾸미 축제' 가 개발되게 되었다.

이 축제도 예상대로 전국으로부터 많은 관광객이 모여 아주 잘나가는 축제로 자리 잡았다.

이 축제 역시 축제 개최 후에 전국의 웬만한 포구에서 주꾸미 축제를 열게 되는 주꾸미축제 시대의 서막을 여는 기폭제로 작용했다. 지금도 이 원조 주꾸미 축제 덕분에 유명세를 타 매년 잘 나가는 축제로 자리잡아 주민 소득에 크게 기여한다. 이렇게 하여 서천은 '원조 축제' 타이틀을 2개나 갖게 되었으며 이는 곧 대한민국 축제역사를 다시 쓰게 만든다. 이런 축제들이 잘 되다보니 서천지역의 특산품이 자연스럽게 언론에 방방 뜨게 되어 백제 황실에서부터의 유래를 가지고 있는 한산 소곡주와 전국 유일의 비인만 앞에서만 잡히는 자하 젓도 상당한 매출신장을 가져오게 되었다.

그러면 축제와 지역특산물이 어떤 상관관계이기에 그러한 매출 신장이 이루어질까?

이러한 매출신장은 아주 자연스런 현상 일수밖에 없다. 앞서 설명 드린 바대로 축제를 하다보면 관광객 유치를 위해 대대적인 언론홍보를 해야 되고 홍보기사의 구성상 축제 내용과 지역 특산물 · 숙박업소 · 찾아가는 길 등이 감초처럼 따라 보도 되니, 잘 되는 축제 지역 소재의 특산품은 동반 홍보로 매출 신장이 따를 수밖에 없다.

이렇게 주꾸미 축제도 잘 되다보니 인근지역에서도 너도 나도 주꾸미 축제를 개발해 추진하게 되나, 제일 먼저 시작한 원조 축제의 위상은 흔들림이 없는 것 같다. 서천 주꾸미 축제도 매년 봄이 되면 전국에서 관광객이 몰려 문전성시를 이룬다.

"그러면 생선 다 파셨나요?"

물론 아니다. 아직도 내가 눈독을 들이는 생선이 하나 있긴 있다. 그런데 그 생선을 축제무대에 올리려면 그 지역 상인들이 적극적으로 사전에 감당해주어야 하는 작업이 하나 있다. 무엇보다도 지역과 대상이 좀 광범위해서 상인들이 과연 잘 따라 줄지가 확신이 서지 않아 아직 실행에 옮기지 못하고 있다. 물론 이 축제도 진짜 대박이 예상 되는 축제인데………

위와 같이 성공적인 축제를 만들어 준 취재 기자 분들께 이 지면을 통해 진심어린 감사를 드린다.

"많이많이 감사합니다."

3장

광활한 중국 시장에 깃발 하나를 꽂다

중국시장에 충남을 팔다

1998년 4월 2일 오후에 검정색 정장에 안경을 쓴 날카로운 인상의 신사 한분이 찾아왔다. 유난히 빛나는 이마와 눈이 범상치 않아 보이는 이 신사는 서울 종로구 내자동에 자리한 OO여행사 사장 김OO이라고 자기소개를 했다.

대략적인 자기소개를 겸한 인사를 마치고 나를 찾아온 사유를 물었다. 김 사장이 필자를 찾아온 사유를 요약하면, 중국 사람들은 한국이 자유여행 국가로 지정되지 않아서 한국을 오고자 하는 사람이 매우 많으나, 한국에 올 수가 없다. 그러나 올 수 있는 방법이 있는데 그것을 충남도가 해결해주면 충남으로 중국인 관광객을 많이 유치할 수가 있다는 내용이었다. 그 말을 듣는 순간 나는 귀가 번쩍 띄었다.

당시 우리나라 국내 사정은 외환위기가 닥쳐 한 푼의 외화라도 벌어야 할 형편이었고 필자의 입장에서도 외국인관광객 유치를 위해 동분서주 할 때 이었는데, 그 일을 할 수 있다니 말이다.

이야기를 하다보니 그는 충남도 신계장이 외국인 관광객 유치를 위해 서울의 대형 인바운드 여행사를 누비고 다닌다는 소문을 듣고 찾아온 것이었다.

"그러면 그 방법이 무엇입니까?"

"충청남도의 초청장이 있어야 합니다."

"우리가 초청을 하면 초청에 따른 여행비용을 충남이 부담해야 하는 것 아닌가요?"

"그런 비용은 부담을 안 해도 됩니다."

대화는 점점 흥미진진해졌다. 자세한 설명을 듣고 보니 충남이 초청을 하되, 개별초청이 아니고 연명으로의 초청형식으로 하면 되고 여행비용도 여행자 자기 비용으로 온다는 것이었다.

그러면 무엇이 문제냐? 초청을 받아 한국에 입국한 사람이 귀국하지 않고 불법체류자로 남는 것이 문제라고 했다. 그런데 그 불법체류에 따르는 비용, 즉 불법체류자를 붙잡아 중국으로 송환하는데 드는 비용은 자기 여행사가 부담하겠다는 것이다.

자초지종의 설명을 다 들은 후 필자의 뇌리에는 '세계 어느 나라치고 불법체류자가 없는 나라가 없고 지금처럼 외화벌이가 절박한 시점에 한 번 해

볼만 한 도박(?)' 이라는 생각이 들었다.

'설사 추진하다가 사고가 생기더라도 그것이 내 자신의 사리사욕을 채우기 위한 것도 아니고 국가를 위해 외화벌이를 위해 하는 일인데 나의 책임을 물어 최악의 경우 감방갈 일은 아닐 것 아닌가? 그런 상황이 되면 지사님이 책임져 주시겠지.'

그래서 흔쾌히 동의했다.

"그래 한번 해봅시다."

"좋아요. 계장님."

그래서 그날부터 계획수립을 위한 자료수집과정 등을 거쳐 '한중경제문화교류협력사업 韓中經濟文化交流協力事業' 이라는 계획을 어렵게 수립했다.

언뜻 보면 관광객 유치가 아닌, 한국과 중국 양국 사이 경제 문화교류사업인 양 보이나, 사실은 추진과정에서 혹시 생길지 모를 문제를 피해가기위해 포장을 한 것이다.

관광객 유치를 한다는 사업계획에 정작 관광이라는 단어가 없다. 이 계획에는 사업추진과정에서 발생할 수 있는 불법체류문제 등 제반 문제를 빠트리지 않고 모두 담아 지사의 결심을 받아 시행하고자 하는 것이었다.

계획을 수립하고 나서 어려운 문제를 거의 해결했다고 안도했는데 뜻밖에 경찰청(외사계)과 출입국관리사무소 등 관계기관과 협의과정에서 난관에 부딪혔다.

당시 경찰청 외사계장은 이렇게 말했다.

"조선족 등 중국인은 한국에 한 번 가는 것이 평생소원인데, 한국에 오면 그냥 떼돈을 버는 줄로 안다. 그러잖아도 관내에 불법체류자가 많이 골치 아픈데 어쩌려고 그러십니까? 지난번 불법체류자 신고기간 이후 간신히 조금 감소했는데 이런 일로 더 늘어나면 어떻게 책임지려고 그러십니까? 불법체류자들은 충남에만 고정적으로 있으면 검거가 다소 쉬울 터인데 전국을 헤매고 다니니 정말 검거가 어려워요."

"아, 그래요……!"

"외화를 벌어들이려는 충청남도의 뜻은 충분히 이해가 가지만 곤란합니다."

그 말을 들으니 그의 말도 이해가 갔고 한편으로는 '잘 될까?' 라는 불확실성 등으로 우려도 있었으나 필자의 입장에서는 여러 어려운 상황으로 쉽지 않은 결심이었고 또 국가가 어려운 때에 외화벌이라는 보람 있는 일을 하고자 했는데 그렇게 쉽게 물러날 수가 없어 물러나지 않고 끈덕지게 설득했더니 그것이 먹혔던지 외사과 관계자는 출입국관리소와 협의해보자라고 한 발 누그러졌다.

그 대답에 용기를 얻어 출입국관리소를 찾았다. 당시 출입국관리사무소 관리과 G계장은 말한다.

"중국인들의 초청은 원칙적으로 금지되나, 만 55세 이상인자로서 한국에 친인척이 있어 친인척을 방문하는 경우와 또 하나는 상용 비즈니스의 경우로서 한국에 들어와 기계조작법 등을 교육 받는다던가 수입검사 등 구체적 사실을 적시하는 경우에만 초청이 가능합니다."

그러나 필자가 전연 물러설 기세를 보이지 않으면서 외화수입 등 명분을 강조하며 매달리니까 같은 공무원으로서 그렇게 하고자 하니 계속 거부만 하기가 부담스러웠던지 한참을 생각하더니 이렇게 대답한다.

"외환투자 등 국가 이익이 되는 경우에 탄력적 운영이 필요한 경우도 있습니다. 지방자치 단체에서 그런 좋은 사업을 한다니 소수이탈자가 생기는 것이야 어떠하겠어요? 국가경쟁력 제고를 위해서라도 한 번 해보세요."

결국 출입국관리사무소에서 협조 사인을 해 주었다. 당시 외교통상부 문화협력과 H사무관도 중국인의 경우 방문 목적지가 주로 서울인데 서울일정을 빼면 충남으로의 일정잡기가 힘들 것이라면서 저질관광이 되지 않는 범위 내에서 하는 것이 좋겠다는 조언도 해 주었다.

이러한 어려운 과정을 거쳐 모든 절차가 끝나 그 여행사 K사장과 본격적인 논의를 시작했다. 이제 이 사업을 통해 성공적으로 많은 관광객을 유치하기 위해서는 우선 가장 중요한 것이 좋은 상품을 만드는 일인데 중국인들에게 우리 충남의 무엇을 보여 주어야 할 것인가.

아니 충남의 관광매력 중에서 우리 입장에서가 아니라 중국인에게 과연 먹힐 것이 무엇인가를 놓고 고민에 고민을 거듭했다.

한중경제문화교류협력사업(韓中經濟文化交流協力事業)이라는 타이틀에도 맞아야 하고, 또 경제적으로 외화도 벌어야 하겠고, 또 역사 문화적으로 그들의 공감도 얻어야 했다. 또 여행상품의 구성상 다양한 자원을 잘 조합해서 흥미를 유발해야 했다.

그때까지 많은 여행상품을 개발하고 시행해 왔지만, 그 경우처럼 긴장되고, 신경 쓰이는 경우는 없었다. 마치 미지의 세계, 미개척지를 탐험 한다고나 할까. 좀 묘한 기분이 들었다. 그것은 상품을 개발 하게 된 동기도 그렇고, 상품이 개발되기까지의 과정 등이 순탄치 않는 등 여러 요인이 작용했기 때문이리라.

그렇게 어렵게 성사된 상품이기에 어떻게든 잘 해서 반드시 성공 시켜야 했다. 그러기 위해서는 여러 가지 해야 할일이 많겠지만, 상품 내용을 잘 구성해서 상품의 질을 높이는 일이 중요했다. 또 참여자들이 흥미롭고 만족을 느껴 계속해서 참여하도록 해 상품의 수명이 길게 유지되도록 하는 일이 중요했다.

우리 충남이 가지고 있는 여러 자원 · 문화 · 산업시설 등이 아주 자연스럽게 여행상품 속에 녹아 스며있는 상품을 만들기 위해 고민에 고민을 거듭했다. 이런 과정을 거쳐 어렵게 정리한 내용이 아래와 같다.

첫째, 우리 충남에는 세계가 인정한 '고려인삼의 종주지 금산' 이라는 아주 좋은 적지가 있지 않는가. 고려인삼을 대표하는 '인삼의 고장' 금산, 1500년 역사를 지닌 금산인삼의 효능은 새삼 설명할 필요가 없을 정도로 잘 알려져 있지 않은가.

'고려인삼' 은 중국산 삼칠인삼이나 일본산 죽절인삼, 미국 또는 캐나다산 화기삼 등 다른 것에 비해 월등하게 영험(靈驗)한 효능을 갖고 있다. 중국인이 금산을 여행하면서 인삼밭에 가서 인삼도 직접 캐 보고 인삼을 재료로 한 인삼정식 · 삼계탕을 비롯한 인삼김치 등 여러 인삼음식을 직접 먹어보고 아울러 피부미용 및 건강에 탁월 하다는 새까만 인삼엑기스를 듬뿍 넣은 인삼 사우나도 경험하는 그야말로 환상적인 건강여행도 할 수 있도록 해야 한다.

또 이루 헤아릴 수 없이 많은 각종 건강 인삼제품을 살 수 있는 대형인삼 쇼핑센터가 있어 다양한 선물도 살 수 있을 뿐만 아니라, 약초시장에 들러 각종 생약제도 사갈 수 있다면 지역경제 파급효과도 기대 할 수 있을 것 아닌가?

이런 일련의 쇼핑활동은 당장의 단기적인 성과도 있겠으나, 장기적으로도 중국이라는 큰 시장에 고려인삼을 알리고 인삼의 판로 확보에도 크게 도움이 될 것이라 판단하였다. 또 중국인들의 경우 인삼 선호도가 높아 이것보다 더 좋은 소재는 없을 것으로 생각되어 금산을 필수코스로 잡았다.

둘째, 역사 문화적 동질성을 자극하면 좋은 관광 상품이 될 것 같았다. 언젠가 중국 남경시당 국장이 증언한 자료를 본적이 있다.

"일본이 우리(중국)를 대상으로 생체실험과 남경대학살을 자행한 것을 생각하면 소름이 끼치고 적대감이 크다. 그들의 노다(野田) 소위와 그 동료가 하루에 누가 사람을 많이 죽이나하는 시합을 했는데 한 명은 100명 다른 한 사람은 102명을 처단했다. 어찌 적대감이 없겠느냐?"

또 中國青年報에 일본하면 연상되는 것이 무엇이냐는 설문에 83.9%가

남경대학살이라고 답한 기사를 본적이 있다.

전에 중국인 관광객들에게 독립기념관을 안내한 일이 있는데, 나 관람하고 나오면서 나 보고 하는 말이 "당신네 나라와 참 친근감을 느낀다!" 고도 했다.

독립기념관내 일본인들이 우리를 고문 처형하는 전시물을 보고 남경대학살을 연상해서, 일본의 학정을 같이 경험한 동병상련의 심정에서 하는 말이었으리라.

이와 같은 내용들을 감안할 때 일본인의 학살사가 생생하게 전시된 일제침략관이 있는 우리의 독립기념관은 그들의 정서를 자극하여 흥미를 갖기에 충분하지 않겠는가?

셋째, 우리의 첨단 산업시설을 보여줌으로서 발전된 한국의 이미지를 확실히 심어주고 한국제품의 선호도를 높여주는 것도 일종의 장기적인 투자가 될 것 같아 현대자동차 아산공장을 대상으로 했다.

이런 자원은 우리나라가 산업 · 기술적으로 우위에 있어 그들에게는 관심과 흥미를 끌기에 아주 충분할 것 같았다. 지금 당장은 그들의 경제수준으로 볼 때 구매력이 많지 않겠으나, 언젠가 그네들도 마이카 시대가 되어 자가용을 구매 한다면 현대자동차를 선택할 것이 아닌가.

그런데 예상치 않은 뜻밖의 문제가 생겼다. 현대자동차 아산공장 측에서 견학을 거부하고 나선 것이었다. 상품 구성면에서나 사업 취지 면에서나 꼭 포함시켜야할 시설인데 당시 내가 이해할 수 없는 궁색한 논리로 반대를 했

충남관광 중국어 홍보리플릿의 보령의 머드와 천안 독립기념관 관련 부문

다. 그렇다고 어렵게 잡은 기회를 포기할 수가 없어 IMF라는 국가적 상황과, 이 사업의 취지 및 어렵게 성사된 배경, 앞으로 예상되는 현대차 회사의 기대효과 등을 수차 설명하여 간신히 승낙을 받았다.

넷째, 우리 충남엔 세종대왕이 수시로 휴양 차 행차했다는, 또 신혼의 추억이 아련한 온천명소가 있지 않은가! 온천을 즐기며 편안한 잠자리가 잘 갖춰진 온양관광호텔을 비롯한 많은 관광호텔이 있는 온양온천(溫泉)이 있지 않은가.

중국인들의 잘 씻지 않는 관습을 고려할 때 당장은 온천을 좋아하지 않겠으나 자꾸 온천욕을 하다보면 점점 재미에 빠질 수 밖에 없을 터이고 점점 익숙해지면 장기적으로 중국이 우리나라를 불원간 여행 자유국가로 지정할텐데, 그때 중국인들의 한국여행 필수코스로 자리 잡아 갈 것이 아닌가?

그래서 홍보물을 만드는데 사용할 온천에 관한 좋은 사진을 찾다 보니, 노천탕의 사진으로 밑에서는 김이 모락모락 올라오고 위에는 흰 눈이 쌓여 있는 환상적인 사진을 찾게 되어 사용 하게 되었다.

다섯째 우리 충남(보령)에는 피부미용에 탁월한 효과가 인정된 머드가 있어 국내 최고의 축제일뿐만 아니라 국제적인 축제로 뻗어가는 세계 어디에 내 놓아도 호평을 받을 수 있는 머드라는 훌륭한 소재가 있지 않은가?

특히 알파-33이라는 마사지 기구는 들어가 누워서 스위치를 틀면 아름다운 음악이 흘러나오고 다른 스위치를 터치하면 시원한 바람이 얼굴을 감싸주며 몸을 데워 마사지 해줘 환상적인 왕비(?)대접을 받을 수 있어 그 체험을 포함 시켰다.

이 사업을 어려운 여건 하에서도 추진하는 것은 당장의 외화벌이도 중요한 목적이 있겠으나 향후 중국이 여행자유화가 되었을 때를 대비하여 충남이 앞서 중국시장을 선점하기 위한 포석 성격도 강한 것이다.

이러한 여러 과정을 거쳐 드디어 5월 14일 중국인 첫 단체 35명이 충남으로 들어오기 시작했고, 성과가 보이기 시작하자 더욱 신이 나서 K사장과 긴밀히 협조하면서 열심히 성과를 더해 내갔다.

일주일여 단위로 30~100여 명씩이 계속해서 들어와 IMF로 아주 어려웠

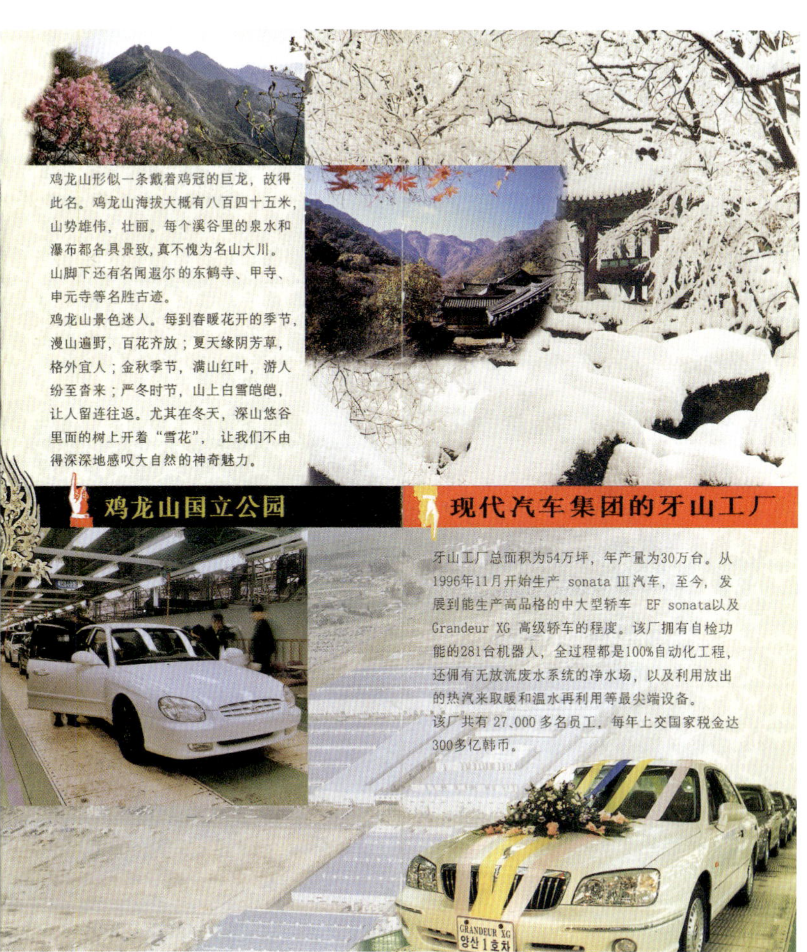

충남관광 중국어 홍보리플릿의 계룡산 국립공원 및 아산 현대자동차 관련 부문

던 온양의 호텔업계 영업에 큰 활력소가 되었다.

그런데 이 사업을 하면서 가장 어려웠던 것은 그들에 맞는 음식문제를 해결하는 거였다.

또 금산 같은 곳에서 숙박할 경우, 여행자들의 유흥 · 오락시설의 미비가 골칫거리로 대두됐다.

그러나 이 사업이 점점 소문이 나자 타 중국관광객취급 전문여행사에서도 함께 하겠다고 요청이 들어와 더욱 탄력을 받았다. 이렇게 8개월여를 잘 순항하던 사업에 문제가 생겼다. 입국자 중 2명이 출국하지 않고 도망을 한 것이다.

출입국관리사무소에서는 나에게 책임을 추궁했고, 여러 경로를 통해 사업취지와 지금까지의 성과 등 앞으로 재발 방지대책을 잘 설명하여 크게 문제 삼지 않는 선에서 해결을 봤다.

그러나 그렇게 되다보니, 계원들이 위축이 되고 관련 업무추진을 기피하려고 하니 사업의 탄력이 많이 떨어졌다. 그렇게 세월이 흐르는 사이 중국인들의 한국에 대한 단체관광이 허용되는 등 여건이 많이 바뀌었다.

그러나 중국 전역이 한국 관광을 허용 한 것이 아니고, 北京市 · 천진시 · 上海市 · 중경시 등 4개시와 관동성 · 산동성 · 강소성 · 안희성 · 산서성 등 5개성 공민에게만 한국관광을 개방했다.

이렇게 됨으로써 한국관광 여건이 다소 나아졌으나, 아직도 여행여권을 발급하는데도 350元이 드는데다 한번밖에 사용할 수 없을 뿐만 아니라 에

스코드 동행조건 등 여러 부수조건이 까다로워 한국방문이 여전히 어려운 실정이었다.

이러한 시책의 변화, 돌발사건 등으로 그해 12월로 안타깝게도 그 사업을 종결해야했다. 다소 모험적인, 리스크가 따를 수 있는 사업 이었으나, 그래도 일을 벌려 중국에 충남을 팔았다. 무엇보다도 중국이라는 큰 땅덩어리

충남관광 중국어 홍보리플릿의 아산 온양온천 관련 부문

에 조그만 점이라도 찍었다고 보고 후회 없는 보람된 선택이었다고 생각한다.

지금도 생각나는 것은 당시 나와의 사업파트너였던 K사장이다!

한국의 명문 S대학 운동권 출신으로 사업에 대한 포부 등이 여행사 사장으로서 끝날 사람이 아닌 예사로운 사람 같지 아닌 범상치 않은 면이 여러

충남관광 중국어 홍보리플릿의 금산인삼 관련 부문

곳에서 엿보였다. 나중에 안 일이지만 그가 당시에 그와 같은 제안을 우리 충남에만 한 것이 아니고 전국 타 지자체에 다 해봤다고 했다. 그러나 그런 리스크가 있다는 설명을 듣고는 K사장의 제안에 귀를 기울이는 공무원이 아무도 없더라는 것이다.

그러면서 그는 말 했다.

"당신을 보고 '공무원 중에 정말 국익을 위해서라면 위험이 따르더라도 소신껏 일하는 공무원도 있구나!' 라고 공무원에 대한 인식을 새롭게 했다."

인생은 인간관계로 시작하고 인간관계로 끝난다고들 한다. 그런 의미에서 하루하루 만나는 사람마다 친절하고 정성을 다해 응대해서 상대방에게 좋은 이미지를 심는 노력이 필요한 것 같다.

어느 날 나와는 아무런 상관이 없던 사람이라 할지라도 어느 때인가는 아주 중요한 비즈니스 파트너가 되어 다가 올수도 있지 않겠는가?

인간관계가 잘 안 되면 정보가 안 들어온다. 즉, 나 자신은 정보를 발사하는 정보발사 주체도 되지만 정보를 얻는 정보수신 주체이기도 하다. 그렇다고 볼 때 필자가 외국관광객유치에 전력한다는 정보를 발사했기 때문에 K사장이 그러한 유익한 정보를 준 것일 게다.

그 후 필자는 공직을 떠나게 되고 많은 세월이 흘렀지만 지금도 K사장과는 좋은 관계를 유지하고 있다.

어쨌든 당시 나는 중국의 외환방어를 위한 여러 제약 등 좋지 않은 조건에서도 유익한 정보를 얻어 여러 제약을 피해서 많은 관광객을 유치한 것을 지금도 큰 보람으로 생각한다.

초청여행사명	세계일류여행사	전화번호	02-722-8200
중국송객여행사	상해태평양여행사	전화번호	86-21-6445-7274
여행기간	1998.11 .13~1998.11.15	입국장소	서울

순번	한자성명 영문성명	성별	민족	생년월일	직장명	직위	연락처	여권번호 신분증번호
1	오초강 吳楚强 WU CHU QIANG	남	漢	1926.5.22	상해남금제의유한공사	직원	64457274	146233681
2	장벽운 蔣碧云 JIANG BI YUN	여	漢	1931.1.4	상해남금제의유한공사	직원	64457274	146233188
3	오유가 吳維佳 WU WEI JIA	여	漢	1985.8.4	학생		64727594	143632828
4	오유 吳裕 WU YU	여	漢	1982.11.13	학생		64727594	146233774
5	풍기 馮琪 FENG QI	여	漢	1972.6.27	상해남금제의유한공사	직원	64727594	146232694
6	전탁군 田卓君 TIAN ZHUO JUN	여	漢	1978.6.27	상해협통집단공사	직원	62991124	146099862
7	황의 黃毅 HUANG YI	남	漢	1968.11.19	강소성무석시해외여유공사	기업관리인	0510-2760517	145167326
8	장방 張方 ZHANG FANG	여	漢	1975.1.31	강소성무석시해외여유공사	기업관리인	0510-2760517	145167327

1998년 11월 충남을 찾은 한 중국인 관광단체 리스트 (유형)

중국인 관광객 유치실적 (宿泊實績)

'99. 11. 20현재

구분	계	1-3월	4-5월	6-7월	8-10월	11-12월	비고
계	197건	70건	42건	55건	30건		
	18,163명	2,259명	1,728명	2,017명	12,161명		
제일 관광호텔	156건	62	30	45	19		
	16,614명	2,090	870	2,017	11,903		
도고 글로리	16건	2	9	4	1		
	832명	22	655	125	30		
온양 관광호텔	19건	2	2	6	9		
	538명	30	185	141	182		
도고 파라다이스	6건	4	1		1		
	179명	117	16		46		

1999년10개월간의 충남 중국인 관광객 유치실적

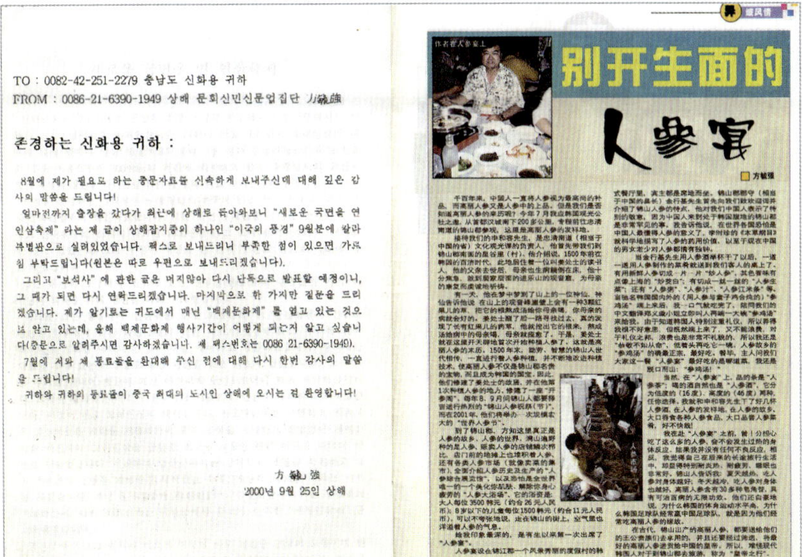

TO : 0082-42-251-2279 충남도 신화용 귀하
FROM : 0086-21-6390-1949 상해 문회신민신문업집단 方毓強

존경하는 신화용 귀하 :

8월에 제가 필요로 하는 중문자료들 신속하게 보내주신데 대해 깊은 감사의 말씀을 드립니다!

얼마전까지 출장을 갔다가 최근에 상해로 돌아와보니 "새로운 국면을 연 인삼축제" 라는 제 글이 상해잡지중의 하나인 "이국의 풍경" 9월분에 칼라 특별판으로 실려있었습니다. 팩스로 보내드리니 부족한 점이 있으면 가르침 부탁드립니다(원본은 따로 우편으로 보내드리겠습니다).

그리고 "보석사" 에 관한 글은 머지않아 다시 단독으로 발표할 예정이니, 그 때가 되면 다시 연락드리겠습니다. 마지막으로 한 가지만 질문을 드리겠습니다. 제가 알기로는 귀도에서 매년 "백제문화제" 를 열고 있는 것으로 알고 있는데, 올해 백제문화제 행사기간이 어떻게 되는지 알고 싶습니다(중문으로 알려주시면 감사하겠습니다. 제 팩스번호는 0086 21-6390-1949).

7월에 저와 제 동료들을 환대해 주신 점에 대해 다시 한번 감사의 말씀을 드립니다!

귀하와 귀하의 동료들이 중국 최대의 도시인 상해에 오시는 걸 환영합니다!

方毓強
2000년 9월 25일 상해

别开生面的 人參宴

方毓强

2000년 9월 중국 상하이의 한 유력 매체에 실린 충남 인삼 체험관광 관련 기사와 자료 및 취재에 협조한 필자에게 보낸 감사 편지

4장

관광자원의 가치와 홍보의 마력

세상 모든 것이 "관광자원(돈)"이다!

필자가 관광업무와 인연을 맺은 것은 1997년도에 충청남도 관광홍보계장을 맡으면서부터다.

그 후 2002 안면국제꽃박람회 조직위 운영사업부장, 충청남도 관광진흥과장을 거쳐 동양 최초 테마파크인 ㈜삽교호 함상공원 대표이사에 이르기까지 총 11년간 한 분야에 몸담아 왔다.

이 11년 동안 관광 사업을 하면서 여러 안타까운 일이 많았지만, 그 중에서 특히 안타깝게 생각하는 것이 있는데 그것은 지방자치단체에서 관광 업무를 맡은 관광부서 공무원들이 '무엇이 관광자원인가'를 정확하게 잘 모른다는 사실이다.

어찌 보면 관광행정 자체를 일반 관리행정 쯤으로 이해하다 보니 관광자원에 대해 깊이 고민할 필요가 없어서 그런 것으로 이해를 한다.

시 · 도청은 물론이고 시 · 군청 관광공무원들까지 거의가 이 범주에 포함된다고 보아도 틀림이 없는 것 같다.

이 사실은 필자가 강의 등 많은 기회를 이용해서 질문을 해보면 대부분의 공무원(민간인도 물론)이 관광자원의 일부인 '자연적 관광자원'과 '문화적 관광자원'만을 관광자원으로 인식하고 있음을 알 수 있었다. 이 같은 사실은 대단히 중요한 문제인 것 같다.

비즈니스의 장이라고도 하는 직장(관광현장)에서 비즈니스의 대상을 잘 모른다고 해서야 말이 되는가?

특히 관광업무의 경우 공무원들의 비즈니스 마인드에 따라서 주민의 소득이 많이 좌우되는데, 안타깝지 않을 수 없다. 관광행정을 주관하는 관광과 직원들이 모르다 보니 다른 부서에 근무하는 공무원들이야 더 말할 나위가 없다.

지자체 관광과의 기능이 관광종합계획 수립, 관광지 조성 및 관광자원 개발, 관광홍보를 통한 관광객 유치 등 여러 가지가 있다.

관광지조성 및 관광자원개발은 많은 예산과 시간적으로도 수 년 또는 수십 년이 걸리는 등 장기간이 소요되어 당장 성과를 기대하기 어려운 이면이 있다.

여기서는 대규모 예산투자 없이도 단기간에 성과를 낼 수 있는 관광자원의 홍보마케팅을 통한 주민의 소득을 올려 줄 수 있는 부분에 관한 이야기를 하고자 한다.

도 내려보고 조타실에선 키를 잡고 배를 조정해 보며 실제 함장이 되어본다. 그리고 상갑판 뱃머리에 위치한 함포는 5인치포로 최대사정거리가 17km에 달하고 유효사정거리도 11km나 되며 관광객들이 직접 올라가 2인1조로 사격연습을 해 볼 수 있어 특히 아이들에게 최고 인기 코스로 꼽힌다. 이밖에 무료로 관람 가능한 3D입체영상관이 마련이 되있으며 군함위에 마련된 함상카페는 넓고 깊은 서해바다를 배경으로 프로포즈하려는 연인들에게는 더할 나위 없이 좋은 곳이다.

3D입체영상관체험

삽교호 함상공원은 TV드라마와 영화 촬영지로도 유명하다. TV프로그램인 서프라이즈, TV는 사랑을 싣고, 서울 1945, 권상우 주연의 드라마 태양속으로, 영화 블루, 동해물과 백두산이 등 해군 소재의 드라마와 영화 촬영지로 각광을 받고 있다. 삽교호 함상공원을 통해 우리나라의 해군과 해병대를 배울 수 있는 교육의 즐거움과 실제 해군의 생활을 경험해 보는 체험의 즐거움과 온가족이 해군 장교복과 해병대 복장을 하고 가족사진도 촬영하며 평생 기억될 멋진 추억을 만드는 즐거움을 느낄 수 있는 곳이다.

"공기업 및 지자체 투자기업의 성공케이스로 앞장서 가겠습니다."

충청남도관광진흥과장에서 명예퇴직한 삽교호 함상공원 신화용 대표이사(이하 신 이사)는 작년 5월 오랜 공직생활을 과감히 정리하고 이곳으로 취임해 제2의 삶을 시작했다. 대전집을 나와 관내 숙소에서 생활하 이는 신 이사의 머릿속은 오로지 함상공원 관광계통 일만 10년 넘게 몸담은 신 이사는 하우로 처음 개관이후 조금씩 어려워져가는 다시 일으킬 계획을 잡고 취임을 했다. 그리고 에 띄는 성과를 보여줬다. 관광진흥과재직 추진력과 결단력으로 강경젓갈관광열차를 개 있던 강경을 살리는 대박을 터트리며 감사패 은 경험이 있다. 이 밖에도 지금은 유명해진 서도 일출을 볼 수 있는 왜목마을과 마량포구 관광지로 명소화 시킨 장본인이기도 하다.

영화촬영지로도 유명한 삽교호 함상공원

신 이사는 삽교호 관광지내의 맛집들과 함상공원 주변의 관광자원인 스파비스, 세계꽃식물원 등과 협약을 통해 상호홍보를 노력중이며 함상공원과 염전체험등을 같이 즐길 수 있는 패키지 상품을 추진 중이다. 이는 신 이사가 오랜 시간 관광계통 일을 하며 배우고 깨달은 연계마케팅분야를 적극적으로 활용하는 좋은 예이다. 또한 현재는 함상공원 옆 만평의 부지를 매립하여 콘도가 들어서고 소규모의 다양한 이벤트 가능공간을 조성할 계획으로 공사 진행중이다. 빠르면 내년 말 한단계 업그레이드 된 함상공원의 모습을 만나 볼 수 있을 것이다.

공기업과 지자체 투자사업은 대다수가 적자를 면하기 어려울 정도다. 하지만 함상공원은 해마다 결산 결과 흑자운영으로 일반 민간기업에서도 보기 드문 경영성과를 이루었다. 이는 타 지자체의 부러움과 벤치마킹의 대상이 되고 있다.

"지불한 가치와 얻은 가치가 등식이 성립되면 안되는 겁니다. 얻은 가치 쪽으로 부등식이 성립이 되어야 기업이 성공을 하게 됩니다. 지불한 5000원의 값어치보다 더 많은 것을 얻어갈 수 있고 그 돈을 아까워하지 않게 되면 저절로 기업은 흥하고 성공할 것입니다."

웃는 인상에 편안한 외모지만 일에서 만큼은 굉장한 에너지와 열정을 보여준 신 이사는 외유내강의을 가진 명장에 모습이었다.

테마가있는풍경

서해안시대를 이끄는 온가족의 관광명소

동양 최초의 군함테마파크

(주)삽교호 함상공원 신화용 대표이사

삽교호 함상공원의 상륙함과 구축함 전경

주5일근무제 시대를 맞아 주말을 이용해 여가생활 및 근교로 가족여행를 떠나는 사람들이 부쩍 늘어났다. 직장인뿐만 아니라 올해부터는 초,중,고등학교에서도 둘째주와 넷째주 토요일은 휴무가 되었기에 온가족이 함께하는 나들이 계획을 짜는 부모들이 많이 늘어났다. 가족외식 때마다 메뉴 고르기가 고충인 것처럼 가족여행에서도 제일 큰 걱정은 아이들과 부모 양쪽 모두의 구미를 만족시킬만한 코스선정이 쉽지 않다는 것이다. 시원하게 뻗은 서해대교가 한눈에 내려다보이는 이곳, 당진군 삽교호 관광지에 온가족이 즐길만한 독창적이며 차별화된 새로운 형태의 테마파크가 자리 잡았다. 동양 최초의 군함테마파크인 삽교호 함상공원이 바로 그것이다. 2002년 충청남도 관광 정책 사업의 일환으로서 지역사회의 경제 활성화와 다양한 문화 공간 제공을 위해 조성한 삽교호 함상공원은 올해로 4년을 맞이하여 더 큰 도약을 준비하고 있다. 그리고 그 중심에는 신화용 대표이사가 있다.

서해안의 아름다운 경관 속에서 해군의 모든 것을 한눈에 보여주는 이색테마파크

세계 5대양을 호령하던 해군의 자랑스러운 군함이 환갑을 맞아 명예로운 퇴역을 한 후 이곳 삽교호 관광지에 새로운 닻을 내렸다. 퇴역군함의 이러한 변화는 동양 최초의 시도였다. 한국전쟁당시 군함으로 쓰였던 '상륙함과 구축함'을 원형 그대로 보존하고 수륙양용 장갑차와 탱크, 항공기, 함포 등을 함께 전시함으로써 실제 해군기지를 연상시킨다.

상륙함(LST)은 1945년 미국에서 건조돼 미 해군에서 활동하다 1958년 10월 한국해군에 인도돼 주로 해안에 상륙작전과 수송임무를 수행하는 함정으로 사용됐다. 지금 상륙함 내부는 해군과 해병대의 자료를 볼 수 있는 전시관으로 꾸며졌다. 해군의 활동상과 발전과정, 연평해전 재현, 군복의 변천사, 해병대 상륙작전과 활약상, 특수부대요원 밀랍인형, 상륙작전 디오라마, 신병훈련과정등의 내용이 전시돼있으며 특히 고무보트와 낙하산, 40kg무게의 군장이 준비된 해병대 간접체험코너가 눈길을 끈다. 구체적이고 현실적인 자료를 제공함으로써 방문객들에게 새로운 정보와 교육적 효과를 돕는다. 상륙함과 교량으로 연결된 구축함(D.D)은 주로 잠수함과 항공기를 공격하기 위한 전투함으로 2차대전때인 1944년 미국에서 건조돼 37년간 미 해군 함정으로 작전을 수행하다 1981년 8월 해군에 인도됐다. 지금은 원형을 그대로 보존하여 미로 같은 동선을 따라 관람하면서 함교와 작전실, 레이더실, 함장실, 수병 내무반등 실제해군의 생활상과 군함 시설물을 직접 체험 가능한 체험관 위주로 꾸며졌다. 함장실에선 전송관을 통한 작전 명령

■경력 및 수상

·충청남도관광진흥과장 ·2002안면도국제꽃박람회조직위원회운영사업부장 ·충청남도의회운영전문위원 ·충청남도공무원교육원연구위원 ·신지식인상 수상(1999) ·관광공사출입기자단선정 관광대상 수상(1999년) ·대전충남행정학회선정 올해의 으뜸공무원상 수상(2000년) ·문화관광부장관표창(2000년) ·근정포장 수상(2002년) ·홍조근정훈장 수상(2005년) ·"감사패" ·금산인삼축제 집행위원회의위원장(1997년) ·강경전통맛젓갈축제 추진위원장(1997년) ·서면개발위원회장(2000년)

동양 최초의 군함테마파크 (주)삽교호 함상공원 대표이사 시절 2006년 5월27일 〈주간인물〉 잡지에 실린 필자의 인터뷰 기사

이런 관점에서 보면 자기 관내에 있는 관광자원은 우리 관광공무원들이 적극적인 마케팅 활동을 펼쳐 지역경제에 파급효과를 내주어야 하는, 즉 팔아주어야 할 대상인 것이다.

물론 이런 모든 자원을 공무원이 다 팔아 주어야 할 의무가 있다는 말은 아니다. 개 중에는 개인소유 및 자원의 특수성 등으로 인해 남이 팔아 주기가 마땅치 않은 것도 있을 수 있고, 또 순수한 공공 자원이기에 전적으로 공무원이 팔아야할 대상도 있을 터이다.

또 소유는 개인소유이나, 공무원이 같이 팔면 소유주 혼자 파는 것 보다 훨씬 효율적인 것이 있는 등 여러 형태가 있을 수 있겠다. 아무튼 공무원이 열정을 가지고 적극적으로 판매를 도와주려고 하면 그 효과는 상상을 초월한 엄청난 결과로 다가올 수 있는 것이다.

관광자원을 제대로 이해하는 사람이 볼 때는 우리 주변 사방 천지에 관광자원(팔아야 할 대상)이 널려 있는데, 그것을 모른다니 얼마나 안타까운 일이겠는가?

마치 무엇이 사냥감인줄도 모르고 사냥에 나서는 사냥꾼이라고나 할까.

필자가 관광 업무를 하다 보니 예산투자 없이도 그리 어렵지 않게 시간이 오래 걸리지 않으면서도 주민에게 돈을 벌어줄 수 있는 매력적인 것들이 우리 주변에 많다는 사실을 알게 되었다.

그것은 다름이 아닌 우리 주변에 무수히 널려 있는 관광자원을 잘 찾아서 포장해 그것을 팔아주는, 관광을 통한 지역마케팅 개념에 투철한 마인드를 갖고 열심히 노력하면 된다는 사실을 깨닫게 된 것이다.

"우리 주변에 관광자원이 널려있다?"

"네! 그렇습니다."

우리 자신 혹은 삶 자체가 관광자원이라고 하는 학자도 있는데 그런 의미에서 보면 그런 표현이 지나친 표현이 아닌 것도 같다.

이런 중요한 사실을 깨달으면서 그 사실 자체를 단순히 안다는 차원을 넘어 매우 강한 확신으로 내 마음속에 자리 잡게 된 것이다.

관광자원을 팔아주기 위해서는 우선 관광자원에 대한 이해와 그것을 찾기 위한 부단한 관심, 또 그것을 찾았을 때 그 자원을 팔기 위한 열정적인 노력만 있으면 아주 확실한 가시적인 성과를 낼 수 있다는 확신 말이다.

물론 누구나가 다 할 수는 없겠지만, 그런 방향으로의 마음만 열면 그렇게 어려운 일도 아닌 것 같다.

그런데 이 파는 과정에서 굉장히 중요한 것이 있으니, 그것은 바로 '열정' 인 것이다. 이 열정이 빠지면 위와 같은 노력이 결실을 보기가 어렵기 때문이다.

이렇게 이야기하면 "공무원이 하는 일이 그 일만 있느냐?"고 반론을 제기할 분도 있을 것이다.

물론 지방자치단체 공무원이 해야 할 일 중에는 주민의 복지를 향상시켜주어야 할 일, 교통 · 환경 · 지역개발 등을 통해서 주민의 다양한 수요를 충족시켜야할 일, 문화예술의 진흥으로 주민의 삶의 질을 높여주어야 할 일,

각종 산업장려시책 추진으로 주민소득을 올려주는 일, 관광개발을 통해서 지역으로의 관광객 유치를 통한 주민소득 향상 등등 주민의 일상생활의 전부가 지방자치 단체의 일이라 해도 지나침이 없을 정도로 할일이 너무도 많다.

위에서 보는 바와 같이 주민 삶의 질과 관련된 일, 주민 소득 향상사업 등 해야 할 일이 너무 많고 다양하다. 이런 사업들을 추진하기 위해서는 많은 예산이 수반되는 것이 필수적인 바, 어디 지방자치단체에 "돈 나와라 뚝딱!" 할 수 있는 도깨비 방망이가 있는 것도 아니다. 예산이 없어 주민수요를 충족시켜주지 못한다는 것은 별도로 설명하지 않아도 주민 모두가 익히 아는 사실이다.

현실적으로 지자체 예산의 경우 가용재원이 너무 열악하다보니 지자체의 큰 기능 중 하나인 주민소득을 올려주는 수단이 그리 많지 않고 그렇게 말처럼 쉽지 않은 것이 현실이다.

그렇다면 주민 소득을 올려주는 일은 반드시 대규모 예산을 투입해야 가능할까. 대부분의 공무원들은 이 질문에 'Yes' 라는 인식을 갖고 있다. 이런 관점에서 본다면 관광공무원이 자기 주변에 널려 있는 관광자원을 알지 못해 찾지도 못하고, 팔아주지도 못한다면 과연 자기가 할 일을 잘하고 있다고 할 수 있을까?

좀 심하게 말한다면 자기가 왜 그 자리에 있는지를 모르는, 자기 존재가치를 모르는 한심한 공무원이라고 한다면 지나칠까?

"뛰는 만큼 주민에게 혜택 커 보람느껴"

□ 신화용 道관광홍보계장

중국학생 420명이 지난 26일부터 다음달 7일까지 관광목적으로는 처음으로 한국땅, 그것도 충남을 방문하고 있다.

중국학생 관광객 유치 주역은 충남도 관광홍보계장인 申和容씨(53·사무관)이다. "뛰면 뛰는 만큼 주민에게 혜택이 돌아가는 일입니다." 申계장이 말하는 관광홍보 업무의 매력이다.

지난 97년 2월부터 관광홍보업무를 맡아온 申계장은 그동안 수없이 많은 관광상품을 개발해 왔다. 강경 젓갈열차, 서천마량리·당진왜목 해돋이마을, 춘장대 피서열차, 서천 조개잡이 등이 그의 작품이다.

상인들로부터 감사패까지 받은 강경 젓갈열차 운행(서울~강경)은 申계장의 관광홍보 노하우를 그대로 담고 있다. "지난 97년 철도청의 협조를 받아 젓갈열차를 운영하기로 했으나 처음엔 별반응이 없어 고민이 적지 않았습니다." 申계장은 이후 열차운행 시점까지 여행사·언론사 문을 쉴새없이 두드렸다. 관광공사 출입기자에게 취재부탁을 하고, 서울시 부녀회장에 전화를 걸어 협조를 요청했다. 언론에 20여차례 보도되면서 참여 문의가 쇄도했고, 600여 좌석을 채울 수 있었다. 이후 강경 젓갈열차는 지역을 알리는 대표적인 관광상품으로 자리잡았다.

申계장은 관광충남을 만들기 위한 관건은 수도권과 외국인 관광객의 유치 확대에 있다는 생각을 갖고 있다. 책상에 머물기보다는 관광공사, 여행사, 언론사 등과 잦은 접촉을 갖는 것도 이 때문이다.

이러한 申계장의 노력은 가시적 성과로 나타나고 있다. 몇백명에 머물던 일본 수학여행단이 지난해 6000명을 넘겼고, 올해도 그 이상이 될 것으로 전망되고 있다. 엄청난 잠재수요를 가진 중국 관광객들을 유치하기 위해 지난해 말부터는 한·중 경제문화 교류사업을 벌이고 있다. 申계장이 몸담고 있는 관광과가 조직개편으로 문화예술과와 통합되는데 대한 소감을 물어보았다. 申계장은 "개의치 않습니다. 일이 있지 않습니까"라는 말로 대신했다.

〈金大中기자〉

"뛰는 만큼 주민에게 혜택 커 보람 느껴"라는 타이틀로 충남 한 지역 일간지에 실린 필자의 인터뷰 기사

"왜 이리 한심한 일이, 무능해서 일까?"

아니다, 이것은 유 · 무능의 문제가 아닌 마인드의 문제이고 열정의 문제다. 그러면 "관광자원이 무엇일까?"에 대한 이야기를 조금 더 이야기 하고자 한다.

교과서적인 내용이라서 좀 딱딱하게 느낄 수 도 있겠으나, 이 이야기를 하지 않고서는 필자가 이 책을 쓰고자 하는 뜻(일부지만)을 전할 방법이 없어 관광자원에 대해 간략히 요약해서 언급한다.

관광자원은 학자마다 견해에 따라 여러 가지로 분류하고 내용도 조금씩

다르나 여기서는 그런 순수 학문적 접근이 아니고, 일선에서 관광을 하는 사람들이 쉽게 이해해서 실제로 활용하기 위한 극히 실용적 접근으로서 그에 맞게 편의상 아래와 같이 정리해본다.

관광자원을 크게 분류하면 다음과 같다.

① 자연적 관광자원 ② 인문적 관광자원 ③ 복합적 관광자원

이 중 인문적 관광자원을 문화적 관광자원 · 사회적 관광자원 · 산업적 관광자원으로 나눈다.

서해안 이색 일출 명소 당진 '왜목 마을'의 환상적 일몰

① 자연적 관광자원

자연 경관을 대상으로 한다.

◆ 지형 · 지질자원 : 산악 · 해안 · 섬 · 반도 · 폭포 · 온천 · 화산 · 계곡 · 동굴 · 사막 · 고원 · 평원 등등……

◆ 천문 · 기상자원: 태양 · 달 · 별 · 오로라 · 눈 · 얼음 · 안개 · 계절에 따른 기후 · 풍토 등등……

◆ 동 · 식물자원: 조수 · 어류 · 삼림 · 화초 · 낙엽 등등……

자연적 관광자원의 경우는 평소 온천도 다니고 등산도 다니고 해수욕도 갈뿐만 아니라 일출 · 스키 · 수족관 · 낚시 단풍 여행을 다니는 여행자가 많아서 특별한 설명이 없이도 누구나 관광자원으로 인식 하는데 무리가 없다.

② 인문적 관광자원

(1) 문화적 관광자원

문화적 관광자원은 대개 국가의 지정 문화재로서 국보 · 보물 · 사적 · 명승 · 천연기념물 · 무형문화재 등을 말한다.

◆ 유형문화재 : 건조물 · 고문서 · 회화 · 조각 · 공예품

◆ 무형문화재 : 연극 · 음악 · 공예기술 · 무용

◆ 기념물 : 패총 · 고분 · 성지 · 요지 · 사적지 등

◆ 민속자료 : 신앙 · 민구 · 가옥 등

(2) 사회적 관광자원 : 사회 규범적인 무형의 생활양식이나 재료 등을 말한다.

◆ 사회형태 : 촌락형태 · 사회제도 · 사회시설 · 교육문화시설 등

보령 머드축제장면

당진 도비도의 갯벌체험

◆ 생활형태 : 국민성 · 풍속 · 관습 · 전통적 스포츠 · 신앙 · 음식 · 예절 등
◆ 위락시설 : 스포츠시설 · 카지노 · 나이트클럽 등

(3) 산업적 관광자원

한나라의 산업자본과 그 기술수준을 보일 수 있는 산업적 대상으로 관광매력 성을 가진 것을 일컫는다.

◆ 농림업: 농장 · 농업 · 목장 등
◆ 어업: 어획법 · 해산물 가공시설 · 양식시설 등
◆ 공업: 기계설비 · 공장시설 · 공업단지 · 생산공정 등
◆ 상업: 견본시 · 전시회 · 박람회 · 유통단지 · 백화점 등
◆ 산업시설: 댐 · 항만 · 운하 등

청양고운식물원(작약)

③ 복합적 관광자원

자연적 관광자원과 인문적 관광지원이 밀접하게 결부되어 있는 자원을 일컫는다. 자연성과 인문성이 적절히 복합됨으로써 더욱 값진 새로운 관광자원을 형성한다.

◆ 농어촌 경관 · 전원경관 · 역사경관 · 도시경관 · 서울대공원 · 디즈니랜드 · 자연농원 · 낚시터 · 수렵장 · 골프장 · 보트장 · 카누장 · 승마장 등

이상에서 보는 바와 같이 관광자원을 분류하다보면 세상 모든 것이 관광자원에 해당되지 않는 것이 없다는 사실을 알 수 있다.

그러나 일반적으로 위 자원 중 자연적 관광자원과 인문적 관광자원의 일부인 문화적 관광자원만을 관광자원으로 이해하는 경우가 대부분이다.

그러다보니 어느 광역지자체 관광과장마저도 이렇게 말하고 있다.

"우리시에는 관광자원이 없어서……."

"충남은 바다도 있고 명산도 있고 백제 문화유적도 있고……."

그러나 많은 관광자원 중에서 자연적 관광자원을 좋아하는 사람 또는 인문적 관광의 사회적 관광자원만을 특히 선호하는 관광객 등 자기의 호 · 불호에 따라 여러 형태의 관광이 이루어 질 수 있을 것이다.

또 세월의 흐름에 따라 기존의 관광자원이 자원으로서의 매력을 점차 상실해 가는 자원이 있는가하면 관광자원의 대상이 될 수 없었던 자원이 새로운 각광을 받기도 한다.

관광객의 욕구와 동기를 충족시켜 줄 수 있는 유형 · 무형의 자연적 · 인

문적 관광대상으로서 매력성과 흡인력을 가진 소재적 자원이 바로 관광자원이다. 그러다 보니 개인의 주관이나 세월의 흐름에 따라 변화가 불가피할 수밖에 없다.

위에서 복잡하게 관광자원을 설명했지만 간략하게 몇 마디로 요약하면 관광자원은 관광객의 주관에 따라 가치가 달라질 수 있는 상대적 가치를 지닌 다종다양한 것으로서 그 범위 또한 광범위하다.

횃불로 참게 잡는 모습

관광은 접미사

"개인차에 의해 대상이 달라질 수 있기 때문에 이 세상 어느 것이나 관광자원 성을 가졌다고 할 수 있다."

이 말은 필자가 하는 말이 아니다.

교과서에 나오는 관광이론이다. 이 구절을 필자는 "이 세상 모든 것이 관광자원이다."라고 적극적으로 이해하고 싶다.

학생신분이라면 이 말을 정확하게 기억하고 기술해야 시험문제로 출제되었을 때 정답을 쓸 수 있겠지만, 관광행정을 하는 사람이나 현장에서 관광을 하는 사람의 입장에서는 딱히 그렇게 구분하지 않는 관점으로 이해하는 것이 바람직하지 않을까라고 생각해본다.

그래야 사고의 영역이 넓어지고 더욱 적극적인 마인드로, 열정적으로 업무를 추진하여 더 좋은 성과를 낼 수 있지 않겠나 싶어 하는 말이다.

그렇다보니 '관광은 접미사(接尾辭)이다' 라고도 한다. 접미사! 단어 뒤에 붙이기만 하면 되는, 농업관광 · 의료관광 · 보양관광 · 생태관광 …….

이런 기조위에서 관광공무원이 팔아주어야 할, 또는 우리가 팔아주어야 할 대상은 우리 주변에 널려 있다고 표현하면 지나칠까?

얼마 전 부터 문화관광부와 한국관광공사에서 야심차게 추진하는 의료관광이 빠른 속도로 신장되어 새로운 의료 한류의 가능성이 보인다고도 한다. 의술 · 의료기관도 관광자원이 된다는 말이다.

성형 · 치과 등을 대상으로 외국인 의료관광이 2005년에 760명이던 것이 2007년에 16,000명으로 20배 확대되었다는 보도도 있고, 2012년에는 10만 명을 목표로 한단다.

'의료와 관광' 은 종전에 전혀 다른 분야로 여겨졌던 기능들이 하나로 출시되어 관광 상품화 되는 '융 · 복합관광' 이 시도되고 있는 것이다.

우연히 일전에 '미녀들의 수다' 라는 TV프로를 보는데 한국거주 외국인 미녀들이 자기 고향 친구들이 한국에 와서 성형수술을 하려고 돈을 모으고 있다는 이야기를 하는 것을 들으면서 의료관광의 무한한 가능성이 실감나게 다가왔다.

필자가 1998년 외국인 관광객 유치를 위해 한참 뛰고 있을 때 서울의 어느 여행사 간부가 외국인 관광객을 대상으로 관내 대학병원과 협의해서 '라식수술' 상품을 제안해서 검토했던 일이 있었다.

최근 보도에 보니 제주도가 도내 의료법인이 병원을 운영하면서 호텔과 여행사 · 찜질방 · 펜션 · 세탁소 등을 운영할 수 있도록 하는 조례안을 통과시켰다는 고무적인 소식도 들린다.

최근에는 부산 · 대구시에서도 의료관광 사업에 열을 올리고 있고, 필자가 살고 있는 대전시에서도 의료관광 인프라 구축 등 의료관광이 시정역점 추진 아젠다로 부상 하는 등 지자체의 인식이 많이 변하고 있다.

의료관광의 수요 유형은 외국 여행을 가는 길에 그곳에서 휴양을 겸한 여행, 자국의 의료비가 비싸서, 건강검진 · 수술, 또는 고급 의료서비스를 받기위해서 등 여러 유형이 있을 수 있다.

사실 의료관광은 평균 체재기간이 11박으로 장기 체류하며 지출 규모도 매우 큰 것이 특징으로 부가가치가 매우 높은, 아주 매력적인 분야로서 앞으로 신 성장 동력으로 손색이 없을 것 같다.

우리나라의 경우 선진 의료기술 · 의료비 수준 · 첨단장비 · 관광자원 면에서도 경쟁력을 갖추고 있어 성형 · 미용 · 음식 · 엔터테인먼트를 결합한 뷰티관광이나 한방상품화를 통해 차별화도 가능 할 것이다.

관광자원에 대한 정확한 이해가 왜 중요할까?

그것은 관광자원에 대한 이해가 관광행정의 기본이고 관광자원을 팔아서 지역경제에 파급적인 경제효과를 내어줌으로써 그것이 곧 주민소득으로 직결되는 핵심적 요체이기 때문이다.

필자가 이 책을 쓰게 된 것도 위와 같은 기조에서 우리 주변에 널려 있는 것들을 찾아서 관광자원으로 팔 수 있게 포장해서 우리가 쉽게 계산이 되지 않을 정도의 "엄청나게 많은 돈"을 벌어줄 수가 있었다는 사실을 알려서 다소나마 이런 시도를 유도하기 위해서이다.

이런 토대가 기폭제가 되어 지금까지 묻혀있던 강경젓갈시장 · 왜목 마을 일출 · 마량포구 일출 · 전어축제의 개발 등 이루 말 할 수 없는 많은 자원들을 팔 수 있었고 그것이 곧 돈이 되어 주민소득으로 돌아왔다.

"얼마나 벌어주었기에 '엄청나게 많은 돈' 이라고 표현할까?"

필자가 전국을 누비며 활발하게 홍보마케팅 활동을 할 때 젓갈시장 · 해맞이 축제 · 해산물을 파는 포구 · 외국인 유치현장 곳곳에 관광객이 운집했다. 그리고 그 현장에서 각종거래를 통해 주민 주머니로 현찰이 들어가는 것을 내 눈으로 확인할 수 있었다.

그때마다 개인 간의 거래내역이나 금액을 확인 할 수 없었을 테니 정확히 몇 천 억 등의 정확한 표현을 못하고 "엄청난 돈"이라는 애매모호한 표현을 쓸 수밖에 없음을 이해하리라.

그렇다고 돈을 안 번 것은 아니고 돈을 번 심증은 확실하나 구체적 내용의 물증이 없다는 말로 표현하면 어떨까 싶다.

서해안 이색 일출 명소 당진 '왜목 마을'의 환상적 일출

태안 신두리사구 샌드 슬라이딩

대한민국 한반도가 생긴 이래 매일 아침에 해가 동쪽에서 떠서 저녁때 서쪽으로 진다는 사실을 부정할 사람은 아무도 없을 것이다.

그러나 해가 져야할 서해안의 조그만 마을 마량포구에 그렇게 엄청난 비밀이 숨어있다는 사실은 그 곳에서 평생을 살아온 마을 주민을 포함한 아무도 알지 못했다. 그것도 그럴 것이 "해는 동쪽에서 뜨니까 동해에서만 볼 수 있는 것이다"라고 알고 있는 것이 너무나도 당연한 상식이 아니겠는가?

그런데 놀랍게도 서해에서도 해가 뜨는 일출을 발견해 관광자원으로 팔아 지역주민에게 많은 돈을 벌어줬다. 그 뿐만 아니라 당진 왜목 마을도 서해에서 일출을 볼 수 있는 관광명소로 가꾸어 지역주민에게 자긍심과 소득을 안겨주었다.

새해의 첫날, 1월 1일은 전국에서 일출을 보려는 관광객이 위 두 일출 명소에 각각 10여만 명씩 모여들어 밤을 지새운다. 관광객이 돈을 얼마를 썼는지 얼마를 벌었는지 필자는 확인할 길이 없다. 필자가 초창기 왜목 마을 명소 화를 추진할 때 묵었던 조그만 T모텔이 지금 가보면 호텔수준으로 대형화된 것을 보면서 돈을 많이 벌기는 번 모양이구나라고 추측할 수밖에 없다.

전통적으로 예로부터 우리나라 3대시장이라는 강경젓갈시장! 조상대대로 가업으로 크게 일궈온 대형젓갈상회가 자리하고 있는 강경, 어느 누구도 관광자원이라 생각하지 않았다.

그러나 그것을 1997년부터 관광자원으로 팔아서 상상할 수 없는 돈을 강경으로 끌어들인 것도 "모든 것이 관광자원"이라는 관광자원의 이해에서 비롯됐다.

방금 "상상할 수 없는 돈을 강경으로 모았다"라는 표현을 했는데 당시 새우젓 좋은 육젓 한 드럼에 1,000만원이었는데 그렇게 생각하면 젓갈시장에서 유통되는 돈의 규모가 이해가 될 것이다.

뱃사람들이 생선이라고 아무도 여기지 않던 전어를 관광 상품으로 포장하여 지역민들의 호주머니를 두둑하게 채워줬고 뿐만 아니라 전어의 씨를 말려 전어양식까지 가게 한 것도 관광자원의 이해에서 비롯됐기 때문에 관광자원에 대한 올바른 이해를 강조하는 것이다.

홍보가 마약?

필자는 공무원생활 26년여를 하는 동안 홍보 관련 업무를 해본 경험이 거의 없다. 홍보에 대해서는 깊이 생각해본 일도 없었고 크게 관심을 가져본 일도 없었다.

그러다 보니 필자에게는 홍보라는 개념이 어쩌다 어떤 행사나 사업을 하던가, 특별단속 계획이 있든지 할 때 보도 자료를 작성해서 공보관실로 보내고 그것이 조그마하게 보도되면 스크랩하는 정도의 일로 자리 잡았다. 이때의 보도 자료는 보도가 되면 좋고 안 되면 말고 식의 반드시 또는 꼭이 아니어도 되는 절박한 것이 아닌 보도다.

이 이야기는 달리 말하면 이 자료가 반드시 보도되어야지 안 되면 도정(道政)에 크게 지장을 받는다던가, 반대로 어떠한 사실이 보도가 되면 도정에 큰 타격을 받을 테니 보도를 막아야 한다든지 하는, 언론 관련해서 내가 독자적으로 해야 하는 일을 맡아본 일이 없다는 말이다.

그러다보니 언론관도 '불가근불가원(不可近不可遠)' 정도의 보통 사람들이 갖고 있는 일반적 시각 수준일 수밖에 없다. 이러한 사람에게 어느 날 갑자기 홍보에 진력해야하는 직책인 관광홍보계장 직이 맡겨진 것이다.

필자가 관광과 관광홍보계장을 맡게 된 것은 1997년 2월17일, 아무 영문도 모른 체 어느 날 갑자기 이 자리로 날아온 것이다.

어찌 공무원 인사에 영문을 알고 가는 일이 그리 많겠는가마는 필자의 경우, 당시 맡고 있던 직책이 충청남도의회사무처 의사담당관실 의사계장

금산 세계인삼엑스포 전경

아산 피나클랜드

을 맡고 있던 터라 '의회직원인사는 의장과 사전 협의한다.' 라는 내부 규정이 있어 필자의 경우도 본인의 인사가 거론되면 의회와 협의 과정에서 당사자의 의견이 다는 아니더라도 어느 정도는 반영이 될 수 있는 처지여서 어느 날 갑자기 아무 영문도 모른 체 인사명령이 나는 일은 없을 것으로 알았고 또 그렇게 아는 게 당연한 일이다.

필자가 모르는 정도의 문제가 아니라 의회 사무처장도 간부회의 주재 중

농협중앙회 가축개량사업소(서산시)

에 여비서가 들어와 전해준 인사 명단을 보고서야 알았으니 그 인사가 뭔가 과정상의 큰 하자가 있는 것은 분명한 것 같았다. 사무처장을 비롯한 의원들은 집행부에 그 인사의 철회를 요구하는 등 강력히 항의했으나 그게 어디 쉬운 일이었겠는가?

이 사건은 의회를 경시한다는 의원들의 강한 반발로 의회와 집행부간의 갈등으로 비화했고, 불편한 대립상태가 여러 날 계속되어 발령이 났는데도

천안 조류연구소

2002 안면도 국제꽃박람회

발령부서로 부임하지 못하는 난처한 상태가 되었다. 그렇게 처신이 아주 난처한 시간, 발령이 난지 1주일이 지난 후에야 가까스로 발령부서인 관광과로 자리를 옮겨 앉을 수 있었다.

그것도 의장님께 세 차례나 발령부서로 가게 해달라고 간곡하게 진언을 드려서 말이다. 아시다시피 인사명령은 한 번 나면 철회가 안 되는 것이 불문율이라는 것을 너무도 잘 아는 필자로서는 매우 불만스럽고 불만족스럽지만 그렇게 할 수밖에 없었다.

관광과에 부임해와 보니 관광홍보계는 그 때 비로소 신설된 계로서 계장 밑에 6급 1명과 7급 1명뿐인 초라하기 그지없는 아주 보잘것없는 계로서 지독한 좌천인사였다.

후에 안 일이지만 당시 C관광과장이 당시 홍보계는 신설되는 곳이고 하니 일을 할 만한 사람으로 달라고 친분이 두터웠던 N총무과장에게 주문을 했고 그에 따라 K기획관리실장이 후원하는 등으로 이루어진 합작품이라는 것을 나중에야 알았다.

사실 나도 그분들이 필자에게 나쁜 마음이 있어 한 일이 아니라는 것도 잘 안다. 자리를 옮겨 앉은 다음날 K기획관리실장께서 부름이 있어 갔더니 인사가 다소 불만족스럽더라도 관광홍보가 매우 중요한 업무가 될 테니 열심히 하라는 당부를 하면서 신설계라서 예산을 챙겨서 세우질 못했을 것이니 할 일을 찾아서 예산요구를 하면 반영해줄 테니 일 좀 해보라는 말씀이 계셨는데 정말 일을 찾아보니 할 일이 너무 많았다. 할 일이 많다 정도가 아

개화예술공원의 노을공원 (보령)

니라 할 일이 주변에 널려 있다고 표현해야 옳을 것 같았다.

그렇게 널려있는 일을 열심히 찾아 사업화하면 예산은 비교적 잘 확보가 되어 욕심껏 많은 일을 할 수가 있었고 그것은 곧 좋은 성과로 나타났다. 이렇게 해서 별 관심이 없던 홍보와 경험이 전무 한 관광 업무를 맡게 되었다. 앞서 할 일이 주변에 널려 있다고 했는데 막상 그 곳에 가보니 해야 할 일의 그 범위와 대상이 무진장하게 넓고 많았다. 그래서 생각을 했다.

'내가 노력하기에 따라서는 문서로서가 아닌, 실질적으로 주민소득을 올려줄 수가 있겠구나! 까짓 한 번 해보자!'

또한 시기적으로도 점차 여가생활을 즐기려는 방향으로의 시대흐름 등 현대인의 라이프스타일에 딱 맞는 업무였다.

'내가 지금까지 공무원 생활을 하면서 내가 주민에게 직접적으로 소득을 올려준 일이 있는가에 대해 자신 있게 말할 수 없었는데……. 이 업무야말로 나의 노력으로 직접적으로 주민이 소득을 얻는 것을 직접 보면서 확인할 수 있는 일을 할 수 있겠구나!'

또 좀 다른 이야기지만 이렇게 지독한 좌천인사를 확실하게 전화위복의 기회로 삼아야겠다는 오기 같은 것이 발동한 것도 사실인데 이것도 실현할

2002 안면도 국제꽃박람회

수 있겠구나 등 여러 가지 생각이 들었다. 그렇지 않다손 치더라도 기왕에 이리된 마당에 되돌릴 수 없는 것이 확실한데 뒤를 돌아보며 불평만한들 내 인생에 무슨 득이 있겠는가?

아무튼 잘됐다! 할 일이 주위에 널려 있으니 하나하나 찾아서 열심히 하다보면 무궁무진한 가능성이 있는 업무니 내가 갖고 있는 모든 역량을 바쳐 열정을 가지고 전력투구하자! 그래서 제일먼저 시작한 것이 우리지역 관광자원을 열심히 홍보해서 관광객을 유치하는 일에 주력하는 일이었다.

관광전문기자를 우리지역 관광지 등으로 초치, 안내하여 언론에 생생하게 보도되도록 하여 관광객이 그 정보를 접하고 우리지역을 선택하게 하는

인삼밭 전경

활동이었다. 서울의 중앙일간지나, 스포츠지 · 경제지 · 방송사와 관광업계지에는 한국관광공사를 출입하는 관광전문 기자(여행전문)들이 있다.

이 출입기자단이 어찌 보면 한국의 관광지가 뜨느냐 지느냐의 열쇠를 쥐고 있다고 해도 지나친 말이 아닐 정도인 것 같다. 이 기자들의 발길이 자주 닿는 곳이면 그 지역에 관광객이 몰리고 따라서 지역관광이 활성화되고, 그 반대의 경우에는 사람이 찾지 않는 침체상태의 잠자는 지역이 되기 일쑤다.

그도 그럴 것이 흔히들 요즘을 이미지의 시대라고 하지 않는가. 우리가

금산 수삼시장

좋든 싫든 간에 일상생활의 많은 부분이 이미지에 의해 지배되고 있는 것이 현실인데, 이 이미지는 본인이 직접 경험을 하거나 타인으로부터 소문을 전해 듣거나 언론정보 등을 통해 형성되는 부분이 적지 않다. 관광도 예외일 수 없어 이렇게 형성된 이미지에 근거해서 관광지를 선택하는 경우가 적지 않은데 이와 관련해 언론의 영향력이 가장 크다고 볼 수 있기 때문이다.

언론을 입법부 · 사법부 · 행정부에 이어 제 4부라고 일컬을 정도로 아직도 가장 힘이 센 최상의 홍보기관이라 하지 않는가?

"그러면 어떤 매체를 활용하는 것이 효과적일까?"

이 물음은 간단히 해답을 찾을 일은 아닌 것 같고 각 매체별로 특성이 있기 때문에 장단점이 있기 마련이다.

베어트리파크 오색연못 (연기)

대부분의 사람들은 TV가 가장 효과적이라고 느끼는 것 같은데, 필자가 10여 년 동안 홍보업무를 하면서 느끼는 것은 꼭 그런 것만은 아닌 것 같다. TV의 경우는 세대별 보유율이 높고, 높은 시청률로 불특정다수에 유리한 반면 보존성과 기록성이 없다는 게 단점이다.

이에 비해 신문은 기록성 · 보존성이 있어 이해될 때까지 몇 번이고 반복해서 읽을 수 있고 보존가능하며 정기구독자가 있어 독자의 안전성을 기할 수 있으며 따라서 도달범위 예측도 가능한 게 장점이다.

그 밖의 잡지 · 라디오 · 케이블TV 등의 매체특성의 이해가 필요하다. 시간과 장소에 제한 없이 메시지 전달이 가능한 라디오, 회독률이 높으며 설득력이 강한 잡지, 메시지를 세분화 · 계층화 · 전문화 할 수 있는 케이블TV 등 특성이 다양하다 보니 어느 것 하나 소홀히 할 수 없다.

홍보의 전략

언론의 홍보이론에는 '미디어믹스 전략'이 있는 것 같다. 이렇게 언론매체도 다양하고 특성도 차별화 되다보니 홍보대상 마다 매체의 특성과 대응방법을 달리 하지 않으면 안 되는 것이다.

이렇게 지역 홍보에 영향이 크게 미치다 보니, 어떻게 하던지 이분들을 하루라도 더, 한분이라도 더 많이 자기지역을 취재하도록 하는 것이 관광홍보계장의 평가기준이 될 수도 있다.

그런데 당시 이분들의 일과를 보면, 필자가 보기에 한 달 30일중 10일은 국내취재, 10일은 외국취재, 10일은 사무실 내근을 할 정도 바쁜 분들인 것 같았다(꼭 이렇게 나누어지는 것은 아니지만, 대략 시간 분량으로 봐서 그렇다는 얘기다.).

앞서 외국인 관광객 유치를 위해서는 관광주체인 외국인관광객의 마음에 딱 드는 관광 상품을 만들어야 하고, 이들 관광객을 실제로 유치해 오는 여행사의 마음에 들어야 한다고 한 바 있는데 이 법칙(?)은 언론에도 그대로 적용되는 법칙일 것 같다.

즉 우리지역 관련 많은 기사가 계속 보도되기 위해서는 언론의 마음에 들어야 할 것 같다. 이 부분은 홍보맨 유형측면과 기사가치 · 취재편의 측면에서 생각해봐야 할 것 같다.

모든 세상사라는 게 인간관계가 원만해야 일이 순조롭게 풀리듯이 기자와 홍보맨 사이에도 예외일 수가 없을 것 같다. 소위 언론에서 이야기하는 홍보맨 유형 중에는 이런 부류가 있다.

- ▶ 윗사람을 통해서 기사를 부탁한다든지
- ▶ 자기 업무와 관계없을 때는 소 닭 보듯 한다든지
- ▶ 혹시 취재 후 지면사정 등으로 기사가 누락되었을 때 흥분하며 항의한다든지 하는 비호감형이 되어서는 어찌 언론의 협조를 받을 수 있겠는가? 반면,
- ▶ 조그만 기사에도 고마워하고
- ▶ 출입처나 부서가 바뀌어도 변함없는 관계를 유지하고
- ▶ 기사가 누락되어도 기자입장을 이해해주고
- ▶ 동행한 사진기자나 운전기사에게도 잘 대해주는 호감 형 홍보맨이어야 하는 것은 언론을 대상으로 홍보협조를 받고자 하는 홍보맨이 기본적으로 갖추어야할 덕목일 것이다.

그 다음 기사가치와 취재편의 측면에서 어떻게 해야 언론의 마음에 들 수 있을까?

그것은 최우선적으로 고려해야할 것이 기자들의 입장이 되어주어야 하는 것 같다. 관광지(자원)를 홍보해야할 내 입장이 아닌 그곳을 취재해야할 관광기자의 입장 말이다. 행정에서는 흔히 수요자 중심행정, 기업에서는 고객만족을 주로 이야기 한다. 행정을 하건, 기업을 하건 근본원리는 똑같은 것일 수밖에 없는 모양이다.

그러면 관광기자의 입장은 무엇일까. 이분들은 한 번 움직일 때마다 확실한 기사거리를 확보하는 일인 것 같다. 만에 하나라도 현장에 가보니 기사거리가 안된다면 아주 낭패일 수밖에…….

특히나 기사 마감시간에 쫓기는 경우 다른 것을 취재할 수도 없고 난감할 수밖에 없다. 그렇기 때문에 이분들을 많이 초치하기 위해서는 확실한 취재거리를 보는 안목을 갖추고 기사가치가 충분한 취재대상을 찾는 일이 중요한 것 같다.

홍보를 하기 위해서는 기획이 있어야 한다. 임팩트(impact)가 실려야한다 등 등 여러 이론적인 것들을 이야기 한다.

그러나 필자가 많은 관광기자와 관광지를 취재 안내하면서 현장에서 느끼고 체득한 것은 기자들이 관심을 갖는 아래에 열거하는 요건들을 현실에 적용해서 판단하는 일들인 것 같다. 즉 취재할 대상은 이렇다.

▶ 최근에 개발되었거나 발견되었거나 오픈한 곳인가?
▶ 아주 유명한 곳인가?
▶ 독특한 이야기 거리가 있는가?
▶ 관광객이 흥미를 가질 수 있는 곳(시설)인가?

영화 'JSA' 촬영지로 유명한 충남 서천군 신성리 갈대밭을 찾아 즐거운 시간을 보내는 관광객들

▶ 세계(국내)최대 · 최소 · 최초 · 최다인가?
▶ 이미 여러 번 타사에서 보도된 곳은 아닌가?

이러한 질문에 대해 그렇다고 대답할 수 있는 기사가치를 충족할 수 있어야 하는 것 같다.

이상의 것들은 대부분 교과서에서도 언급된 내용들인데 아래의 경우 교과서에 없는 내용으로서 현실적으로 기자들이 기사를 쓰면서 반드시 반영하는 것이 있다. 그건 다름 아닌 관광홍보의 경우(혹시 다른 경우도 그런가 모르지만)에는 취재 대상지가 좋은 그림이 되느냐가 아주 중요한 요소가 되는 것이다.

이것은 사물에 대한 인식은 텍스트 보다 사진 등 비주얼에 강하게 반응하기 때문에 어찌 보면 당연한 일일 수 있다. 즉 멋진 사진이 나올 수 있는 곳이냐가 중요하다. 이는 기사가 크게 나가느냐 작게 나가느냐의 기준이 되기 때문에 큰 기사를 원하는 입장이다 보니 이 사항이야말로 아주 중요하다.

그러면 기사가치만 충족하면 그 대상자원이 세상에 방방 뜰 수 있을까? 그 대답은 '구슬이 서 말 이라도 꿰어야 보배다!' 라는 속담이 대답인 것 같다. 아무리 좋은 구슬이 있어도 숨겨진 구슬, 감춰진 구슬이라서 찾지 못한다면 보배가 될 수 없듯이 아무리 좋은 취재대상이 있어도 그 구슬을 꿰서 보배로 만드는 기술자인 기자의 눈에 띄지 않으면 기사화가 될 수 없지 않겠는가?

외국인 가족 인삼캐기

천안 흥타령 축제의 한 장면

물론 취재거리를 찾는 일이야 기자들이 스스로 찾아서 하지만 목마른 사람이 샘 파듯이 우리 자원을 하나라도 한번이라도 더 홍보하기 위해서는 우리스스로 관광자원을 찾는 사람(사냥꾼?) 또는 별스럽지 않은 자원이라도 잘 포장해서 좋은 자원으로 만드는 사람(포장기사?)이 돼야 한다.

이 역할을 잘하는 사람(잘하는 지자체)의 관광자원이 더 많은 언론을 탈 수 밖에 없다.

부지런하고 유능한 관광자원 사냥꾼(?)과 포장기사(?)와 이것을 잘 파는 세일즈맨이 필요하다는 얘기다.

그래서 필자는 유능한 사냥꾼 · 포장기사 · 세일즈맨이 되기 위해서 상시 안테나를 높게 세우고 언론에 띄울 소재를 찾는 일에 몰두해 찾으면서 찾은 소재를 기자들 앞에 끌어내어 놓고 팔아(기사화) 달라고 시도 때도 없이 떼를 쓰다시피 하는 것이다.

사람이 누구에게 사정이나 부탁을 한다는 것이 한 두 번이지 매일 번번이 밥 먹듯이 하면 좋아할 사람이 없으련만 유독 관광 기자들은 그 부탁을 거의 많이 수용해 주셨다. 그 덕분에 충남관련 기사가 중앙언론에 연일보도 되었고, 그 보도는 관광객 유치로 이어져 주민들의 소득에 기여했다.

필자는 잘나지도 못한 사람이 자존심이 강한 성격이어서 좀처럼 남에게 아쉬운 소리를 잘 못한다. 아니 못하는 게 아니라 안한다. 설사 그 아쉬운 소리가 나에게 아무리 큰 이득이 되더라도…….

그러나 기자들한테 하는 아쉬운 소리는 필자 사적인 이해의 문제가 아닌 도정수행이란, 주민을 위한 일이라는 떳떳한 명분이 있었기에 사정하는 입장이면서도 비굴하지 않고 떳떳하게 할 수 있었다.

아마 기자 분들도 필자 개인일이 아닌 주민을 위한 일을 너무 열심히 하는 것이 귀찮다기보다는 좋게 보여서 도와줄 수 있는 데까지 도와주었으리라.

그러다 보니 모신문사 L차장 같은 분은 회사간부로부터 "자네 충남에서 출마 하려느냐?"는 단순 농담 아닌 뼈있는 농담까지 들었단다. 이때만 해도 타 지자체에서는 아직 홍보의 진 맛을 보지 못해서인지, 관광홍보의 인식이 부족해서인지, 충남처럼 적극적으로 뛰는 곳이 거의 없어 그런 특혜(?)를 누린 측면도 없지 않았으리라.

위와 같은 노력을 하는 지자체와 하지 않거나 못하는 지자체의 차이는 엄청난 차이를 보이기 마련이다.

최근 필자가 관광공사 출입기자(여행기자)들에게 당신이 여행기사 업무를 맡은 이래 000 지자체를 취재한 경험이 있느냐고 질문을 했더니, "아 거기는 자원이 없잖아?" "아 거기는 관광 않잖아?" 등의 반응을 보이면서 30여 명의 기자 중에 두 분 만이 1회의 취재경험이 있다는 답을 했다.

"이렇게 해서 어떻게 관광을 통한 지역마케팅이 이루어지겠는가?"

이런 기자 분들 덕분에 강경젓갈시장을 상품화해서 대박을 터트려 강경읍을 완전히 젓갈동네(18개소 정도의 젓갈점포이던 것을 회원가입점포만 130개소가 넘고 비 가입업소까지 합하면 150개소가 넘는)로 만들었다.

"관광객 입맛 맞춰야 산다"

99관광공무원 대상 신화용 충남도 계장

젓갈열차-당진 일출등 기획

"관광은 지역경제를 활성화할 수 있는 중요한 산업입니다. 관광객들의 입맛에 맞는 상품을 개발하려 현장을 열심히 뛰어다녔을 뿐입니다."

99년 관광계에서 단연 두각을 나타낸 충남도 문화관광과 신화용(申和容·53·사진) 계장은 "지역 주민 모두가 힘을 합쳐야 지역관광을 발전시킬 수 있다"고 강조한다. 그는 한국관광공사가 주최한 '99년 관광의 밤' 행사에서 '올해의 관광공무원 대상'을 수상했다. 97년 2월부터 관광업무를 시작했던 그는 철도청과 연계한 '강경젓갈열차'를 첫 지역관광 상품으로 내놓았다.

최근 충남도의 히트 관광상품으로 떠오른 당진 왜목마을 일출-일몰 상품도 그의 아이디어 중의 하나. 주말에도 그는 관광상품 개발을 위해 직접 현장을 누빈다. 이렇게 해서 만든 관광홍보물이 코스별로 14종에 이를 정도다.

신계장은 "관광산업은 높은 부가가치를 올릴 수 있는 산업"이라면서 "앞으로도 관광객들이 다시 찾고 싶은 충남이 되도록 하는 데 최선의 노력을 기울이겠다"고 말했다. 〈조원익기자〉

필자가 지난 1999년 한국관광공사가 선정한 '올해의 관광공무원' 대상을 받을 당시의 세계일보 기사

무엇보다도 전어축제로 시작된 전어홍보로 생선취급을 못 받던 전어의 수요를 획기적으로 늘려 전어양식시대를 맞기도 했다.

또 동해의 전유물로 새해 첫날 전국관광객을 독식하던 동해일출을 서해 일출명소 2곳(왜목 마을 · 마량포구)을 세상에 빛을 보게 해서 새해첫날 관광객 각각 10여 만 명씩을 운집하게 해 서해일출관광을 만끽하게 했다.

그 뿐만 아니라 동백꽃 주꾸미 축제 · 금산인삼주-가야곡왕주 등 민속주 · 조개잡이 관광열차 · 고향관광열차 외국인 유치 등등 필자가 개발 상품화 한 일들이 순조롭게 추진되어 하나같이 모두 대박에 대박을 거듭 터트렸다.

그러면 이렇게 대박을 터트릴 수 있었던 원동력은 무엇일까?

아이디어+홍보=돈

앞서 제기한 질문과 관련해 그 성공요인을 한마디로 말하라면 '아이디어+홍보력(弘報力)' 이 아닌가 싶다.

즉 아이디어가 돈이고 홍보가 돈이 되는가 싶은데 아이디어와 돈이 결합되면 확실한 돈이 되는 것 같다.

"아이디어+홍보=돈"이라는 등식이 성립되나 라는 좀 엉뚱한 생각을 하면서 일반적으로 돈을 벌려면 투자를 해야 가능할 텐데 위의 경우는 거의 투자 없이 주민이 돈을 벌 수 있었으니 얼마나 매력적인 일인가. 이런 매력적인 일이 이 세상 천지에 그리 흔한 일이겠는가?

이런 매력에 빠져, 이런 홍보의 맛에 취해, 필자는 아직도 관광 관련 일에 미련을 버리지 못하고 있다. 이런 마약 같은 매력을 포기할 수가 없는 것이다. 필자의 경우는 홍보의 진 맛을, 홍보의 묘미를 너무 많이 맛본 사람이다. 그래서 오늘도 그 맛을 못 잊어 홍보 할 대상을 찾고 있다.

연기 베어트리파크 설경

그것이 개인소유이던, 기업의 것이던, 지자체가 하는 일이건, 민간이 하는 일이건, 그것이 자연경관이던, 농산물이던 수산물이던, 민간주체 축제건 지자체 축제건 상관이 없다.

홍보가 잘되어 돈이 되는 것이 중요하니까. 그러나 홍보에 따르는 수혜자가 적은 개인 소유보다는 수혜자가 많은 지역축제 같은 것이면 더욱 좋겠다.

최근 들어 지방마다 지역축제가 많아졌는데 충분히 홍보를 하고 축제를 해서 그 지역민만이 모이는 동네축제가 아닌, 외지의 관광객이 많이 참여해서 축제본연의 목적인 지역경제에 보탬이 됐으면 싶은데 홍보개념 없이 축제를 했다는 데 의미를 두는 것 같은, 지역민만의 잔치로 끝나는 것을 보면서 매우 안타까운 심정을 금할 수 없다. 안타까운 일이 어디 이뿐이겠는가?

우리 충남도내에는 개인이 사재 몇 백 억 원씩 들여 조성해 높은 관광자원이 여러 개 있다. OO식물원 · OOO박물관 · OO공원…… 이 시설들은 시설주가 그 분야의 전문가로서 그 일이 좋아서 수 년 간, 또는 일생을 바쳐 조성한 그 분들의 땀의 결실들이다.

태안 청산수목원(예연원)

그러나 그분들은 그 분야에는 전문가지만 경영 · 홍보 · 마케팅에는 그렇지 못한 경우가 대부분이어서 어려움을 겪는 경우가 있다. 그 분들 생각에는 그렇게 전문성을 살려 좋은 시설만 잘 만들어놓으면 사람은 저절로 찾아줄 것으로 생각했을 텐데, 현실은 아무리 좋은 시설이라도 세상에 알리지 못하고 관광객을 유인하지 못하면 관람객은 저절로 찾아들지 않는다.

"캄캄한 밤에 아무리 좋은 비단옷을 입고 걸은들 누가 알아주겠는가?"

홍보 업계에서 흔히 홍보의 중요성을 이야기 할 때, '홍보를 못하면 없는 것과 같다.' 라고 하는데, 분명 있는 것은 확실 한데 기존 있는 것도 없는 것과 같다는 것이다.

브랜드 가치를 알리고, 서비스의 품질을 알리고, 상품의 장점을 알리는 일이 개인이던, 기업이던 생존의 핵심 요소 · 노하우 인 것 같다.

많은 사재를 투자한 분들의 입장에서는 잘 운영 되어서 투자금도 회수하고 종사원도 같이 살아갈 수 있을 정도는 되어야 할 텐데, 바듯이 현상유지 되거나, 그것도 안 되는 경우 참 난감할 수밖에 없다.

그런데 아무도, 어디에서도 관심을 가져주는 곳도 없고 어디에 호소 할 곳도 없고 시설주 또한 어떻게 해야 할지를 모르니 점점 어려워질 수밖에 없다. 홍보라 해봤자 시설개장 당시 몇 개 지방 언론에서 몇 줄 취급된 것이 고작이니 연중 전국을 상대로 계속홍보 해도 시원치 않을 판에…… 이들이 겪는 어려움은 비단 홍보의 어려움 외에도 시설조성 후의 진입로 · 주차시설 · 도로표지판 등도 큰 어려움이다.

그러나 지자체는 이들 시설이 개인 사업이니 우리와는 관계도 없고 그러니 어떻게 지원해 줄 수 있느냐는 시각이다. 물론 개인 사업일 수 있다.

그러나 이것은 단순한 개인 사업이 아닌, 이 시설이 입지함으로써 사람이 모이고 이것이 지역경제에 영향을 미치는 지역기업 · 지역산업인 것이다.

그것도 지역에 가장 경제적 파급효과가 큰 관광시설인 것이다. 최근 지자체가 기업을, 공장을 유치하기 위해서 각종 세금감면도 해주고, 용지도 파격적으로 싸게 제공도 해주는 등 별의별 해택을 주면서 말이다.

"그런 방향으로 시각을 전환하면 안 되는지?"

(왜 현직 있을 때 하지 않고 지금에 와서 불평하듯 하느냐고 말할 수 있겠으나, 그때도 이런 방향으로 일함)

충남 서천 춘장대 해변에서 바라 본 바다를 붉게 물들이는 환상적인 석양 풍광(사진 이혁주 여행가)

이렇게 되면 기업도 살고, 지역도 살 수 있을 텐데 안타까운 마음이다. 끊임없이 소재를 찾아 상품화하고 돈이 될 만한 자원을 찾아 언론에 띄우고 동분서주하며 외국인 유치 활동을 벌이며 노력하는 모습이 기자들 눈에 기사거리가 되겠다 싶었던지 인터뷰요청이 들어오기 시작했다.

그러나 필자 입장에선 벌여놓은 일이 너무 많았고, 성과를 내기 시작하는 단계에서 확실하게 실적을 낸 연후에 인터뷰를 해야겠다고 계속 미뤘는데, 미루는 것도 한 두 번이지 더 이상 더 미루고 싶어도 미룰 핑계도 없었고 더 미루는 것이 예의도 아닌 것 같아 취재에 응하기로 했다.

그래서 K신문 C기자와 '딱 들어서면 왕도에 들어온 기분을 느낀다는 부여 능산리 고분군'에서 만나 취재에 응했는데 그런 경험이 없던 필자에게는 모든 것이 의외였다.

내 생각에는 사진 몇 장 찍고 1~2시간 취재하면 끝나려니 했는데 시간도 시간이려니와 사진의 분량 등이 내가 예상했던 것보다 훨씬 많아 내심 놀랐다. 그런데 신문이 나온 당일 날 그 기사를 보고 진짜 깜짝 놀랐다.

충남 대천 해수욕장 해변을 찾은 관광객들 (사진 이혁주 여행가)

매거진X

경향신문 열페이지

1998년 8월 20일 목요일

영플라자

충남 보러 몰려오는 일본여행객 행렬…

"관광도 전략입니다"

대전/글 최병준·사진 권호욱기자

충남도청 관광홍보계장 신화용

2년간 일본 수학여행단만 6,000여명 유치. '뛰는 공무원'의 치밀한 전략의 결실. 학교간 자매결연·'일본 원류' 백제 상품화…. 그의 아이디어·'발품'은 내국인·중국인 유치로 이어진다. 강경젓갈열차도 그의 성공작. "관광은 벤처분야…뛰면 길이 보입니다"

철저히 여행자 '입맛'에 맞춰라

취재수첩

경향신문 1998년 8월 20일자 매거진X 전면에 걸쳐 대서특필된 신화용 계장 관련 기사 지면 조그만 박스기사 정도려니 했는데 아니 이게 웬일인가? 광고 면까지를 포함한 신문지면 한 면을 다 메운 흔히 하는 말로 대문짝만한 기사였다. 아니 대전 지역에서 발행하는 지방지도 아닌 서울의 중앙일간지가 지방의 한 공무원을 이렇게 크게 다루다니…….

그 기사 내용도 충남을 보러오는 일본여행객행렬……. '관광도 전략이다.' 라는 타이틀 아래 이렇게 쓰여 있었다.

2년간 일본수학여행단 6,000여명 유치

'뛰는 공무원' 의 치밀한 전략의 결실

'일본원류' 백제 상품화 ……. 그의 아이디어

'발품' 은 내국인 · 중국인 유치로 이어진다.

강경젓갈 열차도 그의 성공작

'관광은 벤처분야……. 뛰면 길이 보입니다.'

철저히 여행자 '입맛' 에 맞춰라

역시 전문적으로 글을 쓰는 기자이다 보니 필자가 전하고 싶은 이야기가 잘 정리된 기사였다. 이 기사가 나가니 정말로 별의별 전화가 전국으로부터 쇄도했다. 언론의 위력을 실감하는 순간이었다.

참 좋은 일을 한다고 격려하는 전화에서부터 "내 사업을 도와줄 수 있느냐?" "우리 단체가 생산하는 상품을 사 달라", "나와 손잡고 관광업계에서 같이 일하자", "그런 노하우를 전수해 줄 수 있느냐?" 등등 내용도 가지가지였고, 전화를 주신 분들도 아주 다양했다. 가정주부 · 대학원생 · 자영업자 · 공무원 · 대학교수 · 연구원 · 여행사 임원…….

이 기사를 시발점으로 신문 · 잡지 · TV 라디오 등에서 내 활동상에 관심을 보였고 인터뷰 요청이 계속 들어왔다. 신문 · 잡지는 물론 KBS TV에 내 다큐멘터리 프로가 방영되었고 라디오에서도 유사한 프로가 보도되는 등 봇물을 이뤘다.

이때 나뿐만 아니라 직원들도 또 한 번 놀라지 않을 수 없는 일이 벌어졌다. 어느 날 갑자기 관광과 사무실로 거짓말 조금 보태서 집채만 한 방송 장비들과 취재진들이 들이닥쳤기 때문이다.

방송국에서 취재한다기에 필자 생각에는 무비카메라 정도 가져와서 취재하는 것으로 가볍게 생각했는데 하루 종일 내내 법석을 떨고서야 오후 늦게 마칠 수 있었다.

그런데 지방 언론에서는 이상하리만큼 조용히 침묵했다. 지방에서 해야 할 일을 중앙언론이 선수를 치는데 따른 서운함인지 아무튼 이러한 언론 보도들은 필자가 일하는데 양 날개를 달아주었다.

언론에 방방 뜨다보니 관광업계에 소문이 더 많이 퍼졌는지 필자가 지금까지 거래하던 이외의 여행사에서도 FAX를 보내오는 등 업무협의가 한층 증가하는 등, 내가 하는 업무가 더욱 탄력을 받게 되었다.

하는 일이 순조롭게 풀려 나갔고 실적도 쑥쑥 커갔다. 이쯤 되니까 가끔 강의요청도 들어와 팔자에 없는 대학 강의 · 연수원 강의 등도 해보았다. 강의도 해보니 하면 할수록 재미도 있고 요령도 쑥쑥 늘어갔다.

■ 기자단 선정 관광대상 수상 충남도 관광계장 신화용씨

외국인 4만명 유치 "발로 뛴 홍보결실"

외국 관광객 유치실적이 관광산업의 성패를 결정하는 마당에 지난해 4만여명의 일본 및 중국 관광객을 불러들인 지방공무원이 있다. 충청남도 관광계장 신화용(53·**사진**)씨. 그는 지난 연말 다른 지방 자치단체나 관광당국이 이루지 못한 외국관광객 대량 유치의 공로를 인정받아 관광공사로부터 '중앙 일간지 관광기자단이 뽑은 관광대상'을 받았다.

신씨의 활동은 한마디로 '발로 뛰는 관광홍보'였다고 할 수 있다. 그는 지난해 일본의 도쿄, 오사카, 후쿠오카, 나고야, 센다이 등 5개 지역을 직접 방문하여 관광설명회를 열었으며, 강경상고와 구시라상고, 온양여종고와 시즈오카상고 등 한·일 고교 6개교의 수학여행 교류를 알선했다. 그 결과 백제문화 탐방객 6000여명과 수학여행단 1만2000여명 등 약 2만명의 일본인 관광객을 불러들였다. 또 중국의 '한국관광 미개방지역'을 '전략지역'으로 삼아 '한-중 문화교류협력사업'을 펼치는 등 중국관광객 2만여명이 다녀가게 했다.

신씨는 외국관광객 유치를 위해 관광설명회를 여는 것 외에 중국 상하이와 일본 도쿄의 관광교역전에 참가하여 판촉활동을 벌였다. 또 일본과 중국의 여행사 및 언론사 216곳에 홍보물을 보냈고, 이들 나라의 여행사 판매담당 및 언론인 225명을 '알리기 여행'에 초청했다.

신씨의 이런 활동은 외국관광객 유치에 팔짱을 끼고 있는 다른 지자체 관광관계자들에게 자극제가 될 것으로 관광업계에서는 보고 있다.

최성민 기자 smchoi@hani.co.kr

"발로 현장 뛰며 관광객 끌어모았죠"

여행기자단 선정 '올해 관광공무원상' 수상 신화용 계장

"관광은 지역 주민의 소득증대와 직결되므로 지자체 입장에서는 대단히 중요한 산업이죠. 관광공무원이 책상에 앉아 사무만 처리하는 시대는 이제 지났고 현장을 뛰면서 관광객들의 입맛에 맞는 상품개발로 승부를 걸어야 합니다."

8일 한국관광공사가 주최한 '관광의 밤' 행사에서 일간지 여행전문기자단이 선정한 '올해의 관광공무원 대상'을 받는 신화용(53·충남도 문화관광과)계장은 지역 주민 모두가 힘을 합쳐야 지역관광을 발전시킬 수 있다고 강조했다.

신계장이 관광홍보 업무를 처음 맡게 된 것은 지난 97년.

이때 그는 철도청과 협조해 '강경젓갈열차'를 선보였다.

1주일 동안 언론사의 기사협조를 요청하는 것은 물론 여객 손님이 없을까봐 서울·인천·경기도 부녀회장에게까지 전화를 하면서 뛰어다닌 결과 6백명을 모집하는 성과를 거두었다.

당시 관광객이 뿌린 경비는 1인당 10만원씩 6천만원.

그러나 뒤이어 여행사가 젓갈관광상품을 만들면서 강경주민은 전년대비 1백% 이상의 소득을 올렸다.

이밖에 충남도의 히트 관광상품인 당진 왜목마을 일출·일몰, 상품도 그의 아이디어에서 비롯된 것.

신계장은 충남 관광을 홍보하기 위해 2년동안 주말이면 서울에 올라와 여행사 사장을 포함해 5백여명이 넘는 사람들을 만났다.

이렇게 해서 만든 관광홍보물이 자그마치 코스별로 14종이나 된다.

이같은 신계장의 분투에 힘입어 지난해 충남도는 50만명의 외국관광객을 유치하는 쾌거를 올렸다.

올해부터는 중국관광객 유치를 위해 한·중 경제문화 교류협력사업을 벌여 1년간 2만여명의 중국 관광객이 다녀가기도 했다.

현대화된 한국의 경제를 보여주기 위해 현대자동차(아산)는 물론 인삼제품공장(금산)·독립기념관(천안)·부여 등을 둘러보는 코스가 마련된 것도 그의 노력의 결과다.

"공무원이 노력한 만큼 주민들의 수익이 증대됩니다. 기사발굴을 위해 현지를 뛰어다닌 여행 담당기자가 선정한 관광대상은 30년간의 공무원 생활 중 받은 어떠한 상보다도 값지다고 생각합니다."

글=김세준 기자, 사진=김진석 기자
<sjkim@joongang.co.kr>

'관광기자단 선정 관광대상' 수상 관련 기사, (상)한겨례신문 (하)중앙일보

"관광은 아이디어로 돈버는 산업"

여행기자단 선정 '관광공무원 대상' 신화용

지난 8일 한국관광공사가 주최한 '관광의 밤' 행사에서 일간지 여행기자단이 선정한 '올해의 관광공무원 대상'을 받은 신화용 충남도청 관광홍보계장(53). 그는 "관광이야말로 지역주민들의 소득과 직결되면서도 아이디어만 좋으면 엄청난 수입을 올릴 수 있는 미래형 산업"이라고 말했다.

지난해 충남도가 유치한 외국인 관광객만 50만명. 올해는 15%가 더 늘어난 57만5천명이 충남을 찾았다. 서울이나 강원도, 제주도 등 관광명소를 두고 이처럼 많은 외국인이 충남을 찾게 된 데는 그의 노력도 한몫했다.

"관광객이 찾아오기만을 기다리는 시대는 지났습니다. 책상에서 짜낼 수 있는 정책은 한계가 있어요. 아이디어는 발에서 나옵니다"

그가 충남 관광을 홍보하기 위해 2년 동안 주말마다 서울에 올라와 만난 여행사 사장 등 여행관계자만도 500여명. 또 일본의 여행사 관계자들을 모아 설명회를 열고 그들의 의견을 들었다. 일본인 수학여행단을 유치하기 위해 한·일 중·고등학교 자매결연을 추진했다.

올해는 중국인들에게 아산 현대자동차공장과 인삼공장 등을 견학시켜주는 한·중 경제협력사업 프로그램을 마련해 2만여명의 중국인을 충남에 유치했다.

97년 처음 관광업무를 맡으며 내놓은 아이디어는 강경 젓갈열차와 광천 새우젓열차. 그해 젓갈판매량이 2배 이상 뛰었다. 당시 서울과 인천, 경기도의 부녀회장에게까지 전화를 걸어 관광객을 모았다. 그후 철도청과 함께 고향관광열차, 춘장대 피서열차, 조개잡이열차, 금산인삼열차 등 모두 122차례의 관광열차를 운행하도록 했다. 그의 또다른 공로는 관광지 개발. 서해안에서 일몰과 함께 일출을 볼 수 있는 왜목포구와 마량포구는 현재 전국적인 명소가 되어 많은 사람들이 찾고 있다.

최병준기자

'관광기자단 선정 관광대상' 수상 기사 (경향신문)

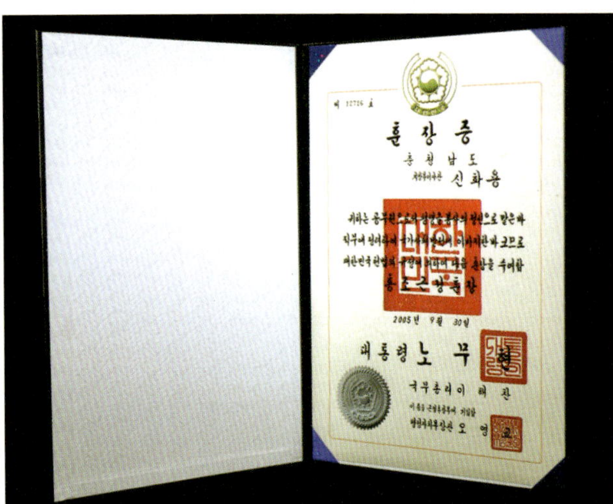

필자가 받은 '홍조근정훈장'

수강생들의 표정을 보면서 고개를 끄덕인다던가 빙그레 미소를 짓는 것을 보면 재미가 없지만은 않은 것 같았다.

지금도 인상에 남는 강의는 2000년 5월에 서울 다음 아카데미 주관으로

'문화관광 큐레이터' 양성을 위한 교육과정이 있었는데 이때 3시간동안 했던 강의가 오래오래 기억된다.

그때 참여했던 강사진도 국내의 저명한 관광학부교수와 한국관광 연구원의 연구원등이 참여하는 초호화진용이었다. 그리고 그때 수강했던 분들도 경향 · 조선 · 문화 · 신아 · 내외경제 · 스포츠서울 등의 신문기자 · 대학강사 · 자유기고가 · 잡지사 기자 등 아주 다양했다.

그런 강사진이나 수강생도 나에겐 특별한 의미가 있었지만, 그때 수강생 중 한 분을 우연한 기회에 만날 수 있어 더욱 기억에 남았다.

필자가 2002 안면도국제꽃박람회 운영사업부장직에 있을 때 박람회 기간 중 어느 날 회장조성부장한테서 어떤 분이 찾아왔으니 빨리 와보라는 전화가 와 가보니 어떤 분이 반갑게 인사를 하는데 필자는 누군지 알 수가 없었다.

설명을 듣고 보니 "그때 문화관광큐레이터 과정의 교육을 받은 사람으로서 꽃박람회 관람 왔다가 그때 강사로 왔던 사람이 충남도청 소속이었는데 지금은 어디 근무하느냐고 물었더니 바로 꽃박조직위에 근무한다고 해서 반가워 찾았노라!" 면서 당시 필자 강의를 매우 인상 깊게 들었다는 것이다.

(사실 그렇지 않았더라도 그렇게 이야기 할 수도 있겠지만…….)

그렇게 만나 지금까지도 가끔 안부를 주고받는다. 아무튼 그렇게 기억해주니 얼마나 고마운 일인가. 어디 가서 거짓말이나 하고 사기 쳤다간 큰 일 나겠군. ㅎㅎㅎ

최근 이 책을 쓰려고 자료를 뒤적이다가 당시 자료를 보니 강사로 참여했던 분 중에 청아대이 실장이었던 U교수이 이름이 눈에 띄어 놀랐다.

지금 생각해보면 아마 정말 당시 필자 소문이 많이 나긴 났었던 모양이다. 또 한 번은 박람회 기간 중 어느 날 충남도홍보부스에 들렸더니 관광공사 과장들이라고 하면서 젊은 두 사람과 함께 인사 소개를 하였다.

"꽃박람회 운영사업부장 신화용입니다."

"아! 이분이 그 유명하신 신화용부장님이세요?"

이구동성으로 말하면서 오늘 우리가 이곳에 와서 신부장님을 만난 것만으로도…….

꽃박람회 일을 끝내고 충남도 관광진흥과장 재중 중일인데 어느 행사장에서 오늘 강사로 오신 분을 소개를 받게 되였다.

"충청남도 관광진흥과장 신화용입니다."

"아! 스타과장님."

"잘 아는 분!"

굉장히 미안했던 것은 그 분이야 말로 당시(지금도 그렇지만) 전국적으로 명성을 떨치며 잘나가는 S경제 연구소 K박사님이었다.

필자가 위와 같은 사례들을 장황하게 늘어놓는 이유는 이 모든 것이 내 개인 능력이라기보다는, 홍보의 위력이 얼마나 대단한 지, 그 파급효과를 설명 하려는 것이다.

이렇게 잘 조성된 주변 여건을 토대로 필자의 활동범위도 점차 넓어졌고

관광기자단 선정 관광대상 상패

업무량도 더욱 확대 되었다. 무엇보다도 추진하는 사업의 실적도 날로 확실하게 성과로 나타났다.

이즈음 한국관광공사 출입 기자단에서도 필자에 대한 활동상에 대해 평가가 나오기 시작하더니 상을 하나 만들어 주게 되었는데 '기자단 선정 관광 대상' 이란 상이다.

이상은 당시까지 없었던 상으로서 필자가 처음 받은 상이었다. 상을 준 것만도 고마운데 그 상의 수상 소식과 관련해 '관광MVP' 라는 타이틀 등으로 신문마다 적지 않은 지면을 할애해 보도해주었다.

"왜 제가 MVP 입니까?"

'볼거리 세일즈맨' 관광 MVP 영광

충남도청 신화용 계장

한국관광공사가 한국관광의 숨은 일꾼을 발굴하기위해 올해 처음 제정한 한국관광대상에서 특별 대상인 '관광 MVP'에 충남도청 관광과 신화용 계장(53)이 선정됐다.

신계장은 "IMF사태로 한푼의 외화가 아쉬운터에 관광으로 환란극복에 동참하게 된 것에 큰 보람을 느낀다"며 "이번 상은 관광대국으로 가는 첨병역할을 하라는 뜻으로 받아들이겠다"고 말했다.

신계장은 관광상품 개발및 홍보를 위해 일반 기업체의 영업사원 못지않은 활발한 세일즈 활동을 벌인 것으로 유명하다.

한적한 포구였던 충남 당진 왜목마을과 서천 마량포구

당진 왜목마을-서천 마량포구 일출일몰 명소 발굴

1년새 외국인 4만여명 유치 외화 벌이 앞장

를 전국적인 일출-일몰명소로 만든 장본인이며, '조개잡이''젓갈' 등 다양한 관광 아이템으로 전국에서 가장 많은 관광열차를 유치하는데 성공했다.

그는 외국인 관광객 유치에도 적극 앞장섰다.

인삼, 머드 등 외국인 취향의 다양한 관광코스를 개발한뒤 직접 홍보물을 만들었으며, 인바운드(외국관광객유치)여행사 50여곳을 찾아가 세일즈활동도 벌였다.

이결과 작년 11월부터 지난달말까지 중국인관광객 2만명, 일본 수학여행단 59개교 1만2000명, 백제문화탐방 일본인관광객 6000여명 등을 충청남도로 불러들이는 성과를 올렸다.

"내일만 한다면 '복지부동'하며 편하게 지낼 수도 있습니다. 그러나 관광객 유치가 우리 고장을 위한 일이고 나아가 우리나라의 관광발전을 위한 일이기 때문에 때론 자존심을 버려가며 열심히 일 할 수 있었습니다."

신계장은 앞으로 외국인관광객 유치 분야에서 최고의 노하우를 가진 공무원으로 기록되고 싶다고 포부를 밝혔다. 〈김순근기자 · skkim@sportschosun.com〉

스포츠조선 기사

"그럼요 신 과장님은 일선 기자들이 필드에서 뽑았으니 MVP 이지요! 축하해요."

이렇게 외부로부터 평가가 너무 좋게 나오니 내부에서도 나에 대한 평가가 새롭게 이루어지기 시작했다.

당시 Y행정부지사님께서는 필자의 활약상을 지사님께 수시 보고했고, 강의하실 때마다 필자의 사례를 소개하신다는 소리도 들려왔다.

이때 또 하나의 가치 있는 상을 수상하게 되었는데 대전 충남행정학회 교수님들이 주는 정책 개발에 뚜렷한 공적이 있는 사람에게 주는 '대전충남행정학회가 뽑은 올해의 으뜸 공무원상' 이었다. 이상 역시 처음 시행(1회)하는 상이었다.

이런 외부의 상에다 또 공직내부에서 주는 아주 가치 있는 또 하나의 상을 수상하게 되었는데, 당시 수상하면 승진도 가능한 '신지식인 상' 을 타게 되었으니 정말 상복이 터졌다.

나는 대한민국 정부가 주는 최고 훈격인 '홍조근정훈장' 도 받았고, '근정포장' 도 수상했지만 이 상들은 내부적인 평가로 인한 상이다.

그런데 비해, 지방에 근무하는 공무원을 서울의 기자들이 평가해서 주신 '기자단 선정 관광대상' 과 외부 대학교수님들의 평가를 받아 수상한 '대전충남행정학회가 뽑은 올해의 으뜸 공무원상' 을 훈장 · 포장보다도 값진 상으로 생각한다.

이런 내 · 외의 좋은 평가와 업무실적 등은 승진 여건을 충족하기에 충분했고, 드디어 지사님께서 승진을 시켜주셨다. 이 지면을 빌어 상을 만들어주신 한국관광공사 출입기자단과 대전 충남행정학회 교수님 · 지사님 · 부지사님께 감사의 말씀을 드립니다.

지금에 와서 돌이켜 보면 엉뚱한 계기로 관광 업무에 발을 들여놓게 되었으나 각계 여러분들의 도움으로 승진도 빨리 할 수 있었고 언론도 원 없이 타보았다. 그리고 남들이 생각지도 않았던 새로운 관광 자원을 발굴하여 명소를 만드는 보람도 맛보았다.

또한 그런 관광 노하우가 바탕이 되어 동양최초의 군함테마파크인 ㈜삽교호함상공은 대표이사를 해보는, CEO가 되어 경험하기 쉽지 않은 값진 경험을 하기도 했다. 그래서 인생사 새옹지마(塞翁之馬)라 하는 모양이다.

함상공원을 맡아 운영하는 동안 필자가 맡기 전의 '적자기업' 을 맡아 3년 동안 연속 흑자를 내어 주주에게 배당도 해주고 부채도 상당액을 상환할 수 있었으며 2억여 원을 들여 군함도 말끔하게 도색하여 새로운 모습으로

필자가 수상한 '근정포장' 증

필자가 수상한 이루 헤아릴 수 없는 각종 상패와 감사패들

후임대표이사에게 인계해줄 수 있게 된 것을 큰 보람으로 느낀다.

흔히들 이야기하는 '공무원 출신은 안 된다!' 는 세간의 인식을 말끔히 불식하고 '관에서 투자하는 시설은 대부분 적자' 라는 인식도 깰 수 있었다.

또 내부적으로는 요직 계장의 전유물이던 승진을 신설계장이 승진하는 기록도 남겼다.

함상공원을 맡아서 운영하는 동안 조그만 중소기업이 어떻게 해야 살아남을 수 있는가를 실제 체험을 통해서 얻은 것이 큰 소득중의 소득이다. 기업 경영도 해보면 할 수 있다는 확신과 자신감을 얻었다. 이러다보니 필자가 어찌 홍보의 맛에서 헤어 나올 수 있겠는가?

5장

적자기업,
흑자로 돌아서다

동양 최초 군함테마파크의 CEO가 되다

2005년 4월20일을 넘기면서 하루에도 몇 번씩 "현재 하고 있는 충남도 관광진흥과장을 그만두고 우리 회사를 맡아서 운영해 달라"는 ㈜삽교호함상공원의 G이사의 독촉성 전화가 자주 걸려 온다.

당시 필자는 충청남도 관광진흥과장 직에 있는 현직 공무원 신분이었다. 그런데 그 직을 그만두고 민간인 신분으로 돌아와 주식회사 함상공원의 대표이사를 해보라는 제안이었다. 함상공원은 2002년 개장해 3년여 된 동양 최초 군함테마파크였다. 그런데 전임 대표이사가 2004년 결산결과 적자를 냈으니 더 이상 그런 사장에게 회사를 맡길 수 없으니 당신이 와서 회사를 맡아 경영해 달라는 것이다.

필자 입장에서는 쉽게 결론을 내릴 수 없는 제안이었다.

아무리 공직에 있는 동안 현장을 뛰면서 홍보마케팅 업무를 주로 했다지만 당시 적자상태인 기업을 맡아 흑자를 내어 주주에게 배당도 해주어야 하고 20여명의 직원도 먹여 살리며 세금도 내고 만만치 않게 드는 군함도색비 등 시설관리도 해야 하는 아주 무거운 책무를 수행해야 할 터인데 과연 그게 생각처럼 쉬운 일이겠는가?

또 30여년이 넘게 몸담아 온 공직을 던져야 하는 결단을 해야 하는데…….

오늘 아침에도 전화가 걸려왔다.

“충청남도 최고의 CEO 신화용 문화관광과장님 언제 부임할거요!”

“허허… 나에게도 생각할 시간을 주어요.”

“하여간 조만간 오세요. 신화용 대표이사님 환영합니다.”

“허허…… ”

처음엔 거절도 해봤지만 막무가내더니 이젠 기정사실화해서 계속 독촉전화를 해댔다. 이젠 더 이상 머뭇거릴 수만은 없는 결단의 시간이 다가온 것이다.

필자는 공직을 그만두면 홍보대행사를 한 번 해봤으면 하는 생각을 평소에 해 왔다.

하지만 필자가 ‘단독으로 홍보대행사를 차린다는 것도 큰 부담일 수 있는데 차제에 다 차려진 회사에 들어가서 내 사업처럼 열심히 하여 돈을 많

동양최초 군함테마파크 (주)삽교호함상공원 함정
(주)삽교호함상공원 야외 전시물

이 벌어, 주주배당도 많이 해주고 직원 성과급도 주면서 해보는 것도 보람 있겠구나!' 하는 생각도 들었다. 또 보잘 것 없는 사람을 꼭 필요하다고 그렇게 원하는데 얼마나 고마운 일인가?

또 당시 나에게는 지금까지 관광현장을 뛰면서 축적한 노하우와 홍보역량, 전국적 인적 네트워크가 있는데 뭘 그리 망설이느냐는 생각도 들었다.

그래 한 번 해보자!

기업 CEO로서도 성공할 수 있는지 인생 실험을 해보자라고 마음먹고 2005년 5월23일 34년간 몸담았던 공무원 생활을 마감(명예퇴직)하고 하도 급하다고 성화여서 곧바로 5월25일 주식회사의 대표이사로 취임했다.

취임해보니 회사사정이 많이 좋지 않았다. 이 시설이 처음 개장한 2002년은 그 해가 마침 안면도 꽃박람회가 개최된 해에서 '꽃박' 특수를 누렸고, 개장 2차년도인 2003년까지는 이른바 '개장 발(오픈 발)'을 받아 그런대로 실적이 괜찮은 편이었다.

그러나 개장 3차년도인 2004년은 관람객수가 전년대비 76% 수준으로 급격한 감소추세를 보였다. 2005년도에 와서도 계속 감소하여 필자가 취임 당시인 5월말까지의 실적도 전년 동기대비 86%의 수준이었으니 걷잡을수 없이 곤두박질치는 추세였다.

대표이사인 필자는 긴장하지 않을 수 없었다. 이런 감소추세를 멈추고 상승 기조를 유지시켜야할 책무를, 어느 누구에게도 미룰 수 없고 오직 나 자신이 해결해야하니 어찌 마음이 태평할 수 있겠는가?

(주)삽교호함상공원 홍보 리플릿

하긴 함상공원 조성 당시 용역보고서에도 개장 3차년부터는 입장객이 감소된다는 내용이 포함되어 있는데, 그렇다고 입장객 감소를 당연시 할 수야 있겠는가?

그래서 우선 착수한 것이 현재 우리 회사가 처한 영업여건과 부진요인 등을 면밀히 분석해 보았다. 분석결과 아래와 같은 몇 가지 요인으로 요약되었다.

첫째, 주 타깃 시장인 '학단(학생단체)'이 2000년 대비 8% 정도의 입학생 감소추세에 있었고(주 타깃시장의 큰 폭의 감소로 인해)

둘째, 2005년 1년 동안 우리 국민의 해외여행객이 1천78만 명(전 국민의 20%수준)으로 계속 증가하여 그에 따른 국내관광 기회의 감소 현상

셋째, 개장 3년차로서 개장 초기 효과의 소진

넷째, 홍보의 어려움과 마케팅의 미흡

다섯째, 극심한 불경기에 따른 여행심리의 위축

여섯째, 강릉 통일공원 · 진해해상공원 등 유사시설의 출현 등

이러한 장애요인을 타개해 나가기에는 하나같이 녹녹치 않은 여건이었다. 이러한 문제점에 대한 진단은 각자 견해에 따라 다를 수 있겠으나 필자 나름대로 이렇게 진단하고 가일층의 노력을 경주할 수밖에 없었다.

그런데 위 6가지 항목 중 5가지는 당사가 어찌할 수 없는 외부요인이었고 그 중에 홍보 · 마케팅 부분만이 회사 자체적으로 해결이 가능한 부분이어서 우선 딴 생각하지 않고 총력을 기울여 홍보 · 마케팅에 주력했다.

그동안 10여 년 동안 관광홍보 업무를 해오면서 친분을 쌓아온 관광기자 분들에게 필자의 신분변동 신고를 하면서 홍보에 전력투구 했다.

그 결과, 취임 후 20여일 후부터 홍보 실적이 가시적으로 나타나기 시작했다. 한국일보(6월 17일자)를 필두로 경향신문 · 국민일보 · 한겨레신문 · 중앙일보 · 조선일보 등 중앙일간지 전면기사가 11회가 보도되었다. 그리고 광주일보 · 경인일보 등 시 · 도청 소재지 일간지, 안양시민신문 · 김포미래신문 · 보령시민신문 · 예산신문 등 시 · 군청 소재지언론에 11회에 걸쳐 보도가 되었다.

뿐만 아니라 여행신문 · 여행정보신문 · 관광저널 등 업계지와 오마이뉴스 · 현대해상사보 등에 10회 등 매체를 가리지 않는 무차별 홍보를 계속했다.

위와 같은 시각매체 홍보와 병행해서 시청각 홍보도 계속하여 MBC TV의 '내 고향 청풍명월' TJB 충청기획 · MBC 전국기행 · KBS 세상의 아침 · CNB 현장포착 VJ리포트 · 아리랑 TV · MBN 매경 TV · 포스코사 사내방송 등에 연이어 보도되었다. 그리고 MBC의 신비한 TV서프라이즈 · KBS TV는 사랑을 싣고 · KBS 서울1945 드라마 촬영도 계속 이어졌다.

또 한국관광공사 인터넷 실시간 정보 '피발마'와 서울시의 City-Tour 버스 내 광고 · 서울지하철광고 등도 지금까지 관광 업무를 해 오면서 맺어진 인연 덕분에 적극적으로 도와 줘 어렵지 않게 홍보할 수가 있었다.

정말 고마운 분들이다. 이렇게 해서 매체를 가리지 않고 다양한 매체에

충남 당진에 있는 삽교호 함상공원에서의 어린이들의 신기한 표정. 아래는 함상카페의 모습.

있게 표현하여 새로운 볼거리로서 방문객에게 교육적 즐거움과 신선함을 안겨주고 있다.

그 옆에 거치된 구축함 (DD : 전주함)은 전장 약 120m, 전폭 12.5m의 대공, 대함, 대잠 전투능력을 골고루 갖춘 전투함으로 5인치함포, 미사일, 어뢰, 폭뢰, 기관포 등으로 중무장되어 대잠수함 작전능력이 특히 우수한 함정이었다. 함상공원은 구축함을 원형 그대로 보존하여 관광객이 군함 내부 동선을 따라 관람하면서 함교와 작전실, 레이더실, 함장실, 수병 내무반 등 실제 해군의 생활상과 군함 시설물들을 직접 체험할 수 있도록 하였다.

구축함을 관람할 때 결코 빼놓지 말아야 할 것이 '함포체험' 이다. 상갑판 뱃머리에 있는 함포는 5인치포로 최대사정거리가 17km에 달하고 유효사정거리도 11km나 된다. 이 함정이 현역에 있을 당시 우리 해군의 주력 함포였다. 현재는 신형구축함이 나오면서 127mm 함포로 교체됐다.

군함 바로 앞 건물에는 3D 입체상영관이 자리하고 있다. 특수 제작된 입체 영상을 감상하는 곳으로 무료로 관람할 수 있

다. 15명 이상 단체 관람객들을 위해 군함 곳곳을 설명해주는 해설사가 동행한다. 공원 입구에 마련된 해군유니폼으로 갈아입고 해설사의 자
험을 하다보면
착각에 빠져들

지자체 성공ㅋ

삽교호 함상
바다의 신사 해
것이 전시되어
관습, 제도, 규
살아있는 우리
보고 배우는 학
인기가 높아 학
로 자리매김 되
이와 같이 함
는 Edutain
Experience로
험으로 조화시
한 동경 · 해군
년층에게는 현
족 고객은 자녀
한 일체감과 행
갈 수 있는 테마
충남도청 관
직한 (주)삽교
원 신화용 대
관이 투자한 관
서 가장 성공
로 자리매김 시

각오로 불철주야 비지땀을 쏟고 있다. 부인 권완규씨와 함께 당진으로 이삿짐까지 싸와 그의 공격적인 경영마인드가 어떠한 가

테마관광

충남 당진 삽교호 함상공원

수학여행 코스, 가족 체험관광명소

서해안 고속도로 개통과 함께 서해안 관광 시대를 선도하는 독창적이며 차별화된 새로운 형태의 테마파크가 인기를 끌고 있다. '동양 최초의 군함 테마공원' 삽교호 함상공원이 그 주인공인 것이다.

총연장 7310미터의 국내 최장 대교인 서해대교가 한눈에 내려다보이는 이곳, 당진군 삽교호관광지에 안면도 국제 꽃 박람회와 연계하여 충청남도의 관광정책사업의 일환으로서 지역사회에 대한 다양한 문화공간 제공과 경제 활성화에 기여하고자 충청남도와 당진군청 및 지역주민과 민간기업이 합심하여 제3섹터 방식으로 조성한

함상공원은 그동안 활어회와 수산물 등 먹을거리 위주의 관광지로 방문객에게 마땅히 내세워 보여 줄 것이 없었던 삽교호 관광지에 또 다른 유형의 색다른 체험과 즐거움을 선사하고 있다.

함상공원의 차별화된 시설을 보면 일반인 신분으로는 사실상 접근과 승선이 불가

(주)삽교호 함상공원의 신화용 사장

능했던 상륙함과 구축함이 정박되어 있으며 수륙양용장갑차와 항공기, 함포 등 해군장비와 함께 지금 막바지 공사에 이른 부대 건물에서는 놀이공간과 기념품점, 특수 입체영상관, 식당 등 고객의 여러 편의 시설이 제공될 예정이며 테마파크의 주제와 맞게 그 모습 또한 잠수함 형태로 우리의 눈을 고정시킨다. 바다와 갯벌을 조금 더 가까이 볼 수 있는 150m의 선착장과 해군 군악대 각종이벤트 행사의 주무대인 우드덱, 아울러 확 트인 서해바다를 배경으로 사랑하는 연인과 함께 군함위의 함상카페에서 마시는 커피 한잔의 그윽한 향은 평생의 아름다운 추억으로 기억될 것이다.

정박된 2정을 자세히 소개하면 상륙함 (LST : 화산함)은 전장 약100m, 전폭 15m로 적의 해안에 상륙작전과 수송임무를 주로 수행하는 함정으로 함승조원 약120명이 수륙양용전차 15대, 트럭 15대, 해병대 작전병력 500여명을 수송하며 통신시설이 우수하여 주요작전 및 훈련시 사령관이 승선하는 함정이었다. 하지만 지금은 상륙함 내부를 학생층과 일반인의 교육적 효과와 이해를 돕고자 주제별 전시관으로 시설을 개조하여 우리 해군과 해병대의 성장과 발전과정, 함정과 함포의 세계, 연평해전, 해병대 상륙작전과 활약상 등을 군특수용품 전시와 입체 디오라마, 특수부대요원 밀랍모형, 영상설명 등을 통해 다양하고 현실감

58 관광숙박음식저널 2005 · 9

한 관광 전문잡지가 필자의 (주)삽교호함상공원 대표이사 관련 내용을 다룬 기사

정말 일일이 수를 헤아릴 수 없을 만큼 무차별 융단홍보(?)를 계속했다. 하루 출근하면 업무일지를 펴 놓고 오늘 당일 컨택해야 할 매체를 정하고 전날까지 진행되었던 내용을 검토하면서 내가 그 날 전달해야할 메시지를 매체별로 치밀하게 요약 정리해서 끈질기게, 친근감 있게, 나만의 입장이 아닌, 취재기자의 입장을 세심하게 배려하면서 설득하는데 주력했다.

물론 이런 활동을 하는 데는 지금 까지 10여 년간 홍보맨으로 활동 하면서 내 나름대로 축적한 정보와 언론의 성향, 홍보 관련 노하우 등이 큰 힘이 되었다.

사실상 한 번의 일면식도 없는 사람에게 어느 날 갑자기 전화를 해서 우리 회사를 홍보 해달라고 부탁하는 일은 매우 어려운 일 수 밖에 없고, 어떻게 보면 엄두조차 낼 수 없는 일이다.

어찌 보면 언론계 분들이야말로 사리가 분명하고, 냉정하고, 분석적이며, 가장 예리하고 날카로운 분들로 분류해도 지나침이 없는 분들 일 텐데, 그 분들을 대상으로 하루의 일과를 꽉 채워 일 한다는 것이 참 어려운 세월이었다.

그러나 나에게는 이런 것을 따질 한가로운 상황이 아니었다. 내 뒤에는 내가 벌어서 먹여살려할 20여명의 직원들이 있었고, 회사의 생존이 달린 절박한 문제였다.

기업경영에서 말한다.

"판매 없이 기업 없다!"

기업경영은 고객창조가 1차적 과제이다. 이러한 주장은 굳이 피터 드래커(P. Druker)의 입을 빌리지 않더라도 익히 아는 바라 위와 같은 노력은 한시도 게을리 할 수 없는 핵심가치였다.

오늘날을 '홍보전쟁의 시대' '홍보가 안 되면 없는 것과 같다' 라고 한다. 아무리 좋은 회사 · 상품 · 서비스도 홍보가 안 되면 아예 없는 것과 같다. 기왕에 이미 존재하는 것도 홍보가 안 되면 아예 존재 하지 않는 것과 다름없다고 홍보의 능동적 기능을 논한다.

홍보전쟁에 이겨야 기업이 생존한다

홍보전쟁에 이겨야 기업생존이 가능 하고, 이를 통해 관련된 상품 · 서비스를 잘 알려야 존재 가치를 인정받을 수 있다는 말이 아니겠는가.

그래서 나는 오늘도, 내일도, 모래도 지속적으로 이야기꺼리를 찾고, 만들고, 소비자에게 가장 어필 할 수 있는 소구점(Appeal Point)을 찾는데 고심하면서, 또 그것을 파는 일에 몰두 할 수밖에 없다.

흔히 성공하는 언론관계를 논할 때 언론 종사자와의 친분보다 더 중요한 것이 국민 대다수가 원하는 뉴스를 파는 것이 더 중요하다고 한다.

그것은 너무나도 당연한 말 일수밖에 없을 것이다. 언론의 입장에서는 기사를 취급함에 있어, 자기들 자체 계획에 의하여 진실하고, 공공의 이익과도 합치되고, 상호과정의 원칙(Two way communication)에도 맞아야 하는 퍼블리시티(publicity)활동을 펼쳐야 하기 때문일 것이다.

그저 한 두 번이야 친분으로 통할 수 도 있을지 모르겠으나, 이러한 일을 일과로 삼는 나에게는 "뉴스(취재)가치 즉 유명한가? 신기한가? 일상생활과 가까운가? 금방 일어난 싱싱한 읽을거리를 지니고 있는가? 관련자가 많은 사회성을 지니고 있는가? 흥미로운가?"를 놓고 고심에 고심을 거듭하면서 매체별 장단점과 특성, 취재기자 개인의 성향 등을 세심하게 체크할 수밖에 없다.

서당 개 3년이면 풍월을 읊듯이 나의 이런 생활도 10년 가까이 되었으니 서당 개 수준은 되었으리라.

그러면서도 아쉽고 고민스러운 것은 광고 · 홍보이론에, 광고 · 홍보의 효과를 극대화하기 위해서는, 홍보를 한 다음에 바로 광고를 하면 그 효과가 금상첨화라고 하는데 우리 회사의 경우 홍보는 이 세상 어느 기업보다 잘 한다고 자신 할 수 있으나, 공간이나 시간을 돈으로 사야하는 광고는 할 수 있는 여건이 안 되니 안타까울 수밖에 없다.

홍보에서의 언론에 하고 싶은 메시지를 제대로 전달하지 못한 간극을 광고로 보완 할 수 만 있다면 금상첨화 일 터인데 항상 안타까울 수밖에 없었다. 위에서 홍보와 광고의 간극이란 표현을 썼는데, 홍보의 경우는 매체 측에서 전적으로 기사 가치를 판단하다 보니 기업주가 하고 싶은 내용을 다 전달 할 수 없다.

반면, 광고는 돈을 지불하고 매체의 공간이나 시간을 사는 체제이기 때문에 그 간극은 불가피 할 수밖에 없는 것 같다.

광고 · 홍보이론에서 광고와 홍보의 차이를 말할 때 광고는 'Buy me' 홍보는 'Love me' 로 표현할 정도로 기능과 특징이 같은 것 같지만 확연히 다를 수밖에 없음을 이해하면서 자위 할 수밖에 없다.

그러면서도 홍보의 효과를 극대화하기 위해서 오프라인 홍보와 온라인 홍보를 결합시키기 위한 노력도 게을리 할 수가 없다. 언론사 사정에 의하여 홍보 분량이 좌우되지 않고, 고객의 반응도 즉각 알 수 있으며, 국경을 초월한 국제 홍보의 유용한 수단인 온라인 홍보의 장점도 포기 할 수 없기 때문이다.

이러한 어려움과 아쉬움도 많지만, 그렇더라도 이런 전 방위 홍보 덕에 고맙게도 매출이 쑥쑥 커가니 열심히 할 수밖에 없다. 이와 같이 홍보에 전념하는 한편 마케팅 활동에도 총력을 경주 했다. 홍보와 마케팅이 만나 결혼하면 '사고 싶은 이미지' 라는 옥동자가 태어난다 하지 않는가?

이런 활동의 일환으로 15인 이상의 단체 입장객에게는 반드시 해설을 해주어 만족도를 높였다. 주부들이나, 어린이들이 평소 접하기 어려웠던 해군 · 해병대 이야기와 군함이야기, 특히 상륙함 중간쯤에 단면으로 시설된 베트남 구찌터널 앞에 이르러서는 베트남 전쟁 당시 월맹의 게릴라전에 대한 설명을 하면 절정에 이른다.

이 부분은 필자가 베트남 여행 시 직접 가서 터널 속 30미터 코스를 직접 체험해 보았기에 더욱 생생하게 설명 할 수가 있어 좋았다.

나뭇잎으로 덮인(덮어놓은) 입구, 마치 우리나라 60·70년대 아궁이 단이(나무로 불을 땐 아궁이에 바람이 들어가지 않도록 무쇠로 만든 철판)처럼 되어 있는 판을 떠들면 사람 하나가 간신이 들어갈 수 있는 조그만 통로(땅굴)가 나온다. 이 체험코스 중 필자는 최단거리 코스인 30미터 코스를 체험한 바 있다.

그곳에 들어 가보니 너무 비좁아서 몸집이 큰 사람은 통행이 아주 불편할 정도인데다 하도 캄캄해 앞에서 전등불을 들고 가는 사람을 따라가야 하는데 조금만 떨어지면 칠흑 같은 어둠에 봉착하게 된다.

왜냐하면 이 토굴이 직선이 아니고 꼬불꼬불한 곡선이기 때문이다. 곡선이다 보니 그 터널을 향해 총을 쏘아봤자 아무 소용이 없다. 30미터를 체험하고 나오니 온몸이 땀으로 범벅이 되어 옷을 갈아입어야 했다.

이런 해설이야말로 아주 훌륭한 스토리텔링 마케팅 실용사례라고 여겨 아주 역점을 두어 강조해 추진했다.

베트남인들은 호미와 바구니만으로 250km를 팠다니 정말 끈질긴 민족인 것 같다. 게릴라전에 아주 적합한 요새 중에 요새였다. 그 당시 미군들은 산속에서 총을 쏘는 줄 알았는데 그 덮개를 들고 바로 등 뒤에서 총을 쏘았다니 얼마나 가공할 일인가. 그러다 보니 고엽제가 등장하고, 우리의 고귀한 파병용사들이 지금까지 그 고통에 시달리는 안타까운 일이 발생한 것 아니겠는가!

이런 생생한 이야기들을 전해들은 방문한 관광객들의 만족도를 높이는

삽교호함상공원 함상카페 내부 모습

노력을 계속 하면서, 방문객을 늘리기 위한 마케팅 활동에도 전념했다.

인근의 세계꽃식물원 · 스파비스 · 한국콘도 · 토비스 콘도 등과 업무제휴를 통해 상생하는 연계마케팅을 강화하고, 대교눈높이 등 학습지 · S-Oil · 메리츠화재 · 각종카드사 등과도 제휴노력을 계속했다.

또 인근 수덕사 · 고속도로 휴게소 등에서 관광버스기사 대상 판촉과 금산인삼축제 · 부여연꽃축제 · 청양고추 · 구기자 축제 · 일산 킨텍스에서 열린 관광박람회장에도 대표이사 인솔 하에 직원들이 출장을 나가 판촉활동을 벌이면서 전국 학교 · 단체 · 협회 · 기업 등에도 홍보물과 DM 발송하는 일을 게을리 하지 않았다.

또한 해군 · 해병대 복장 비치대를 만들어 군 복장을 입고 사진을 찍을 수 있도록 유도 했다. 이사진 한 장이 회사 홍보물을 대신 할 수 있을 거라고 기대 하면서 이를 역점 추진했다. 사진을 찍은 사람은 사진을 책상이나 어떤 공간에 보일 수 있도록 놓을 터이고, 꼬마들 같으면 해병대 · 해군 복장을 하고 총을 들고 찍은 사진을 자랑 할 테니, 충분한 입소문 홍보물의 가치가 있으리라.

또 모형 총기 구비대를 제작 설치해 어린이들의 전쟁놀이의 장으로 제공했으며 혹서기 홍보겸용 부채를 제작 배부해서 군함 속 냉방 부족을 조금이나마 메꾸게 하면서 관람 후 나갈 때 회수함을 설치해 뒀지만 적극적으로 회수하지는 않았다. 놓고 가면 다시 만들어야 하는 비용을 줄일 수 있어 좋을 테고, 가지고 가면 홍보물이 될 수 있을 테니까 말이다.

삽교호함상공원 함상카페 내부 가을 전경
삽교호함상공원 홍보 용 부채

이런 다양한 수용태세 개선에도 힘쓰는 한편, 인력의 자연 감소를 통한 구조조정과 부채의 조기 상환을 통한 금융비용 감소 도모 등 경영의 내실을 다지는 데에도 힘썼다.

필자는 이와 같은 자구노력을 계속하면서 얼마만큼의 영업신장을 가져올 것인가에 계속 신경을 쓰면서 매일 실적을 체크해갔다. 필자는 이 회사에 오면서 내심 굉장히 자신감을 갖고 왔다. 그런데 노력만큼 필자가 예상하는 만큼 실적이 팍팍 올라가주지 않았다.

'왜 이렇게 느릴까? 무슨 이유일까?'

한편으로는 조급하고 초조한 마음마저 들면서 그 요인 찾기에 고심을 거듭했다. 권투선수(좀 우세한 선수 경우)가 때리다 지친다더니 필자도 홍보하다 지쳤다(?).

그래서 얻은 결론은 이렇다.

"아, 빠른 속도로 추락하는 감소추세를 상계하면서 상승 모드로 들어서야 하기 때문이구나!"

그 해 2005년 말 영업실적은 약 11%(취임당시 실적은 전년 대비 86%였으니 단순계산하면 25% 상승) 정도의 상승실적을 거두면서 마감했다. 필자의 욕심은 30%이상 오를 줄 알았는데…… 이런 과정을 거치면서 '아무리 홍보마케팅을 한다고 해서 이 시설물의 경우는 입장객이 한없이 파격적으로 늘어나는 시설이 아니로구나!' 라는 현실적 인식을 하게 되었다.

'그러면 어떻게 해야 할까?'

'수입구조를 다변화 해야겠구나! 즉 입장료 수입외의 수입을 모색해야겠구나!' 하는 것이다.

그래서 생각한 것이 임대매장 등의 직영화를 추진하게 된다. 그러나 이미 임대계약이 되어 있으니 계약만료 때까지 기다릴 수밖에 없다. 마침 하나있는 것은 민간에게 임대를 주어 카페영업을 하다 장사가 안 되어 폐쇄된 함상카페를 직영하기로 했다. 다만 직영을 하되, 전에 하던 민간업자의 전철을 밟지 않아야겠다 싶어 운영방식을 획기적으로 바꾸기로 했다.

평범한 카페가 아니라 군함 속에 있는 특별한 카페, 국화꽃 향에 취하는 분위기 있는 카페의 콘셉트를 도입해 "함상공원 내에 전망 좋고 분위기 있는 함상카페가 있다"는 홍보에 주력해 영업실적을 올려갔다.

국화꽃 등 철마다 색 다른 꽃으로 장식을 하는 것도 지금까지 살아오면서 맺어온 좋은 인연을 토대로 성심성의껏 도와주는 분들 덕분으로 회사 돈 투자 없이 잘 가꿀 수 있었다. 카페의 메뉴도 다양하게 선보이니 수입이 쏠쏠히 들어왔다.

타깃은 원거리의 불특정 다수를 대상으로 하는 언론홍보에 주력했고, 그보다는 삽교천을 지나거나, 아니면 삽교천을 찾아온, 일단 사정거리 안에 들어온 방문객들을 대상으로 하되 그들의 눈에 '함상카페' 라는 문구가 들어올 수 있는 홍보에 주력했다.

기발한 아이디어 '전투식량 전문식당'

이렇게 하여 그동안 하나도 없던 직영점 1개를 갖게 되었고 이 매장을 통해 관련 수입도 날로 증가해 갔다. 그런 과정을 거치는 동안 2006년 7월이 되자 임대를 주었던 2층 휴게소가 계약이 만료되어 일단 내보내기로 하고 이곳에 무엇을 할 것인가를 고민하기 시작 했다.

내가 지금까지 관광 업무를 하면서 맺었던 여러 지인들에게 취지를 설명하고 의견을 듣기도 하고 전국의 관광관련 행사장도 찾으면서 정답 찾기에 골몰했다.

그러던 중 계룡시에서 개최하는 지상군 페스티벌에 갔다가 전투식량을 처음 접하게 되었다. 사실 나는 육군을 만기 제대 했었으나, 전방이 아닌 육

군본부에서 근무해서 못 본 것인지, 아니면 그때는 전투식량이 없을 때였는지는 알 수 없으나, 전투식량이라는 것을 처음 보았다.

그날은 일단 샘플을 구입해서 가져왔다. 가져와서 직원들과 시식을 하면서 반응을 체크해 봤는데 의외로 맛이 괜찮아 이것을 대상으로 사업화 하는 방안을 모색하다가 생각해낸 것이 '전투식량 전문식당' 이었다.

이렇게 결정하고 나니 작명을 잘해야 할 것 같아 여러 생각을 하다가 전국에 유일한 것으로 좀 강한 인상을 주기 위해 '전문식당' 으로 가기로 했다. 그렇게 하고 보니 군함 · 해군 · 해병대라는 테마와 전투식량은 아마도 환상의 조합인 것 같았다.

또 썰물처럼 빠져나가는 홍보효과, 그렇다고 또 자꾸 실어달라고 할 수도 없을 뿐만 아니라 아무런 변화도, 새로운 것도 없는데 또 실어줄 리도 없다. 그런 측면에서 전투식량 전문식당은 충분한 홍보꺼리가 되고 얘기꺼리가 될 것 같았다.

일단 언론에 선을 보였더니 즉각 반응이 왔다. 아주 절묘한 아이템이라는 것이었다. J스포츠지의 전면 판 보도를 시발로 MBC 화제집중 등 50여개 매체가 이 기사를 쏟아냈다. 사실 50여개 매체 보도가 그리 쉬운 일인가? 억지로 홍보 하려해서 이런 결과를 창출해 낼 수 있겠는가. 기사 가치가 있고, 보도 꺼리가 되기 때문일게다.

이런 것을 융단홍보(?)라는 용어로 표현하면 틀리는 말 일까? 아무튼 그 홍보효과는 고스란히 돈으로 나타났고 그 결과 그 해 8월 영업실적이 전년

대비 75% 이상 급증하는 괄목할만한 신장세를 보였다.

그 후 이 식당은 하루에 많게는 400명 이상의 단체를 수용하는 등 효자 노릇을 톡톡히 했다. 그 조그마한 공간에 하루 400명 수용은 그야말로 전쟁 수준 이었다. 공간도 좁을 뿐만 아니라 종업원을 추가로 채용하지 않은 상태에서 점심시간에 한꺼번에 400명을 소화해내기란 완전초비상 사태인 것이다.

점심시간 한 타임에 400명 수용은 웬만한 도시의 대형식당에서나 가능한 일일 것이라 생각 된다. 대표이사를 비롯한 전 직원, 청소에 종사 하는 분들까지 모두 투입되어 일전을 치러야 했다. 직원들이 이상한 대표이사 만나 고생 꽤나 많이 했다.

기왕에 전투식량 장사를 시작 했으니 더 많이 팔고 싶은 욕심에 인근에서 당진군 주최로 열리는 바다사랑 축제에도 부스를 얻어 참가하여 홍보 및 판매에 열중했다.

그러면서도 욕심은 끝이 없어 전투식량의 대량 수요처를 뚫어야 목돈이 들어오겠다는 생각이 들어 그런 곳을 찾는데 골몰했다. 그러던 중 어느 날 을지훈련 생각이 문득 떠올랐다. 아! 이것이다.

관공서에서 을지훈련 기간 중 한 두 끼는 주먹밥을 먹든지 아니면 다른 비상식을 먹을 때 전투식량이 제격이라는 생각이 들었다. 이것은 관공서 차원에서도 마땅한 아이디어가 없던 터라 잘 부합되는 식단이라 생각되어 추천 했더니 많이 수용해 주어 일시에 많은 량의 판매를 할 수가 있었다.

전유 유일의 삽교호함상공원 전투식량 전문식당을 찾은 청소년 관람객들

지금에서야 고백하지만 사실 처음 시작 할 때는 별 시설 없이 군대에서 먹는 쇠고기 비빔밥 · 야채 비빔밥 · 김치 비빔밥 · 김치국밥 등을 취급하면서 전투식량전문식당이란 간판만 달고 시작했다.

그런데 막상 전면 판 기사를 내주는 신문이 있다 보니 그 신문사 기자에 대한 예의가 아니라는 생각이 들었다. 그래서 그 기사가 나가기 전에 서울 청계천시장으로 직원을 급파하여 위장망 · 군대배낭 · 수통혁대 · 통신장비 등을 구입해서 군 벙커나 GP에 앉아 식사하는 분위기를 연출하도록 인테리어를 하고 군장비 등의 전시와 예비군복 천으로 식탁 등 식당 내 집기를 덮어 감쌌다.

관람객들은 들어와서 식탁에 앉지 않고 구석구석을 살펴보고 만져도 보면서 신기해했고, 반응도 너무 좋았다.

어떤 사람은 11년 군대생활을 하고 제대했는데 신문을 보고 왔다는 사람, 자기 아내와 자식을 앞에 앉혀놓고 군 시절의 추억을 신나게 자랑하는 아빠, "우리 영감, 우리 손자 갖다 주겠다"며 사가는 할머니, 신기해서 먹어봤다는 언니와 할머니를 모시고온 아가씨는 설거지를 안 해서 좋다면서 사가기도 했다.

이러다보니 인터넷상에서 '전투식량' 이 검색어 3위에 오르는가 하면, 서울과 부산의 어떤 독자들은 이 아이디어를 사업화 하려는지 꼬치꼬치 물어오기도 했다. 아무튼 필자 의도대로 홍보꺼리, 얘기꺼리로 일단 성공했다.

그 다음으로 시작한 것이 오락실 문제인데, 오락실이 생각만큼 돈이 되지 않았다.

그렇다고 오락기를 전부 철수시키면 어린이와 학단(학생단체)이 많이 찾는 시설인데 구색 면에서 문제가 생길 것 같아 오락실 공간을 다른 시설로 대체하되, 오락기를 시설의 여분 공간, 공간에 옮겨 설치하고 학단 유치를 위해 그 자리엔 목공예 체험장을 설치키로 했다.

처음 생각은 돈이 되면 어떤 시설이라도 넣어야겠다는 생각에 오락실 자리에 생선 횟집의 입지도 고려했으나, 아무리 생각해도 군함테마파크에 횟집은 아니었다.

하긴 목공예 체험장도 학단 유치에는 필요한 시설이긴 하나, 군함 · 군인이라는 이미지와는 맞지 않아 고민했으나, 회사 수익을 최우선 가치로 두고 판단하기로 했다.

이렇게 직영장 3개소를 운영하니 입장료 외 수입이 3%대에서 약 20%대의 수입구조를 갖추게 되었다. 반면 직원들은 일거리가 많이 늘었고 전투식량이나 목공예 체험단체 예약이 있을 때는 전 직원이 하루종일 법석을 떨어야하기도 했다.

직원들 고생의 대가가 회사수입에 녹아있다.

늦게나마 이 지면을 통해 당시 함께 한 삽교호함상공원 직원 분들께 “그때 고생 많이 하셨다”는 말씀을 전한다. 이런 과정을 거쳐, 입장객만 바라보면서 입장객의 증감에 일희일비하며 입장객에만 목매달아야 하는 한계를 일단 면한 것이다.

삽교호함상공원 목공예 체험실(위)

삽교호함상공원 전투식량전문식당을 찾은 가족단위 관람객들(아래)

이는 입장객이 20%가 감소해도 감내할 수 있는 체질개선이 이뤄진 것으로서 회사의 수지면이나 기업 체질 면에서 아주 획기적인 일이다.

필자가 회사를 경영하면서 가장 기본으로 삼은 정신은 경영학에서의 '생존부등식' 이론의 충실한 실천이다.

입장객이 5,000원의 입장료를 지불하고 들어와서 다 관람하고 나갈 때 5,000원만큼의 만족을 느끼는 등식이 성립되어서는 생존 할 수가 없고, 5,000원어치가 아닌 6,000원, 7,000원 등 지불한 5,000원보다 더 큰 만족과 가치를 느껴야 비로소 조직 생존이 가능하다는 것이다.

이를 실천하기 위해 단체관람객에겐 반드시 해설을 실시하고 지속적인 수용태세 개선 등을 추진하며 직원교육에 전념했다.

적자기업을 흑자로……

드디어 주야로 머리를 싸매고 노력한 성과물들이 하나 둘 나왔다. 내 대표이사 임기 3년 동안 흑자를 계속 냈다. 따라서 주주배당도 할 수 있었으며, 부채 4억여 원 상환과 2억여 원을 들여 함정도색도 할 수 있었다.

그러나 눈이오나 비가 오나 하루도 멈추지 않고 계속해서 인원을 채워 넣어야 하는 일과, 30년 이상을 살던 대도시를 떠나 농촌에서 생활하는 것 등이 필자에게는 크나큰 스트레스로 다가왔다. 나보다도 양쪽 살림을 하는 아내가 더 어려워했다. 자칫 잘못하다가는 건강을 해칠지도 모른다는 생각도 든다. 이쯤해서 마음을 비우고 버려야겠다는 생각도 하게 된다.

'생각지도 않게 갑자기 뛰어든 이 길, 이렇게 성공적이고 잘 나갈 때 떠나자. 건강보다 더 소중한 가치가 어디 있겠는가? 여기까지 온 것만으로도 감사해야 할 일이다.'

필자가 공직에서 명퇴하고 함상공원으로 왔다는 전화를 했더니 지금까지 많은 도움을 줬고 지도편달을 해주시던 J교수는 "내가 미리 알았으면 절대로 못 가게 했을 것"이라고 아쉬워했다.

그리고 업무적으로 많은 교류를 하면서 친하게 지냈던 드라마 제작사 W 총괄감독은 "지금까지 쌓아놓은 명성을 다 까먹는 것 아니냐?"며 걱정하는 등 주위의 많은 사람들이 "공무원 하던 사람이 기업경영을 잘할 수 있겠느냐?"며 우려 섞인 염려를 했다.

다 맞는 말이다. 기업경영이 그리 쉽겠는가. 특히나 대규모 수요시장이 인근에 있는 것도 아니고 외딴 섬처럼 뚝 떨어진 곳에 입지한 태생적 한계를 지닌 좋지 않은 여건인데 그런 여건의 회사가 생존해가기가 쉬운 일은 아니다. 분명 쉽지는 않으나 그렇다고 불가능한 것은 아니었다.

조그만 중소기업이 살아남기 위해 많은 고민을 하면서 시간투자를 했고 어떤 것이 관광객 유치에 효과적인가 등 많은 유형별 마케팅 실험도 해보았다. 그것이 학문적으로 공인된 것이건 아니건 간에 내 나름대로의 노하우를 많이 개발하고 축적했다. 그러면서 일단은 전직 공무원으로서 기업경영 역량에 있어서 검증을 거쳤다고 착각(?)도 해본다.

사실 '우리나라 관광 분야에 이렇게 다양한 경력을 가진 사람이 그리 많겠는가?' 라고 생각도 해 본다.

관광홍보계장을 하면서 나름의 노하우를 축적 하면서, 외국인 유치 관광상품을 직접 개발해서 유치는 물론 안내까지, 그 과정에서 만난 수많은 여행사 등 민간 전문가와의 교류를 통해 현장 지식 및 경험을 쌓았다.

안면도국제 꽃박람회 운영사업부장을 하면서도 밤잠을 설치면서 고민해서 정리한 대형 메가 이벤트의 핵심 노하우도 축적했다.

도청 관광진흥과장을 역임 하면서 충청남도라는 좁지 않은 지역의 주민소득, 민간역량제고, 다양한 지역마케팅과 지역 경쟁력 확보 등을 위한 노력을 기울이면서 익힌 감각, 또 테마파크의 흑자운영을 위해 생존의 몸부림을 쳐보는 등 시도하고 도전할 수 있는 것은 거의 다 해본 것 같다. 흔히 어느 분야의 전문가가 되려면 그 분야에서 10년은 넘어야 한다고 하는데 나도 관광분야에서 10년이 넘었으니 "나도 스페셜리스트?" 이런 착각도 해본다.

기업을 경영해보면서 '흑자경영'에 대해서 상당한 시간 뼈아픈 고민을 할 수밖에 없었다. 그러나 이 과제는 취임 초기부터 이것은 내가 반드시 성취해야 하는 지상 목표였다. 그래서 사무실 마다 '흑자경영'이라는 액자를 만들어 걸어 놓고 직원들과도 목표를 공유하는데 심혈을 기울였다.

사장과 직원이 같은 욕심을 갖고 같은 목표를 가지며 같은 꿈을 꾸는 '상하동욕(上下同欲)'의 상태가 되어야 목표달성이 가능 할 텐데, 이런 공감대를 이루기 위한 방법으로 거론할 때 사람들은 흔히 손자병법에 나오는 '오월동주'를 이야기 한다.

지금은 당장 직원들과 대표이사 간에는 일정부분 입장에 차이가 있겠지만, 결국 한 배를 탔으니 죽지 않고 같이 살려면 상하동욕의 상태가 되어야 하리라.

필자가 이곳에 부임해 오기 전 까지는 수익보다는 함정 관리를 비롯한 시설관리에 상당 부분 무게중심이 치중 되어 있는 것 같아, 의도적으로 시설관리 부분을 등한시(사실은 그럴 수 없지만)하는 듯 하면서도 수익을 강조하는 직원교육 및 체질개선 유도로 직장분위기 전환에 주력했다.

그러다 보면, 일 년이 어느덧 다가 연말이 다가오고, 연말이 다가 오면 1년간 피 땀 흘려 벌은 성과에 대한 결산을 해야 했다. 기업을 안 해본 공무원 출신의 입장에서는 총수입에서 제 비용을 빼고 남으면 그것이 이익이라는 생각을 했는데, 기업회계에서는 그렇게 단순하게 계산할 수 없다.

1년을 뼈 빠지게 열심히 벌고 연말결산을 하려다 보면 나를 괴롭히는 가장 아까운 비용 항목이 있었으니 그것은 '감가상각' 부문이었다.

'금년은 장사가 제법 잘 되었으니 당기 순이익이 상당액이 되겠지?' 하고 기대를 걸고 들여다보면 차 떼고, 포 떼고, 감가상각까지 제하고 나면 찬물에 뭣 줄듯 당기순이익은 쥐꼬리에 불과해 안타까울 수밖에 없었다.

"그래서 적자기업이 그리 많이 생기고, 그러다 보면 자본잠식, 부도가 나나보다. 아무튼 흑자내기가 매우 어려운 것이구나!"

'1억' 이라는 돈이 개인한테는 엄청 거액의 돈이지만, 기업에서는 그렇게 크지 않은 돈 일거라 생각 했는데, 기업에서도 1억 벌기가 그렇게 어려울 수가 없었다. 하기야 100명에게 100만원씩 나눠줄 수 있는 돈인데 무척 거액의 금액이다.

필자는 사무관이 되면서 3가지 인생실험을 시도해 보았다. 그 첫째는 강의실험이다. 평소 강의듣기를 좋아하는 나로서는 강의를 잘하는 사람이 그렇게 부러웠다. 꼭 강의를 해보고 싶었는데 공주시 민방위과장을 맡으면서 그런 기회가 왔다.

민방위 교육시간 중 1시간을 과장이 직접 해보기로하고 이를 시도해보았다. 물론 학문적으로 적립된 이론을 말하는 것도 아니고 1시간 동안 남의 앞에 선다는 것이 쉽지 않은 일이었으나, 평소 준비했던 자료도 있고 잘하는 강사들의 노하우도 나름대로 정리했던 탓에 별 어려움 없이 연단에 설수 있었다.

첫 강의 시간 중 수강생의 반응을 보면서 자신감을 얻어 성공적으로 첫 강의를 마쳤다. 수강생 반응은 시간이 끝나자마자 즉시 나타났다. 성공적인 강의가 된 것 같았다.

그 이유는 필자가 맡은 시간이 4시간 중 첫 시간이었는데 강의가 끝난 후 수강생 중 한 사람이 오더니, 과장님이 오늘 나머지 3시간도 다하면 안 되냐고 말하는 것을 보면서 강의 시 수강생들이 보였던 반응 등을 감안할 때 성공적이라고 자평해 본다.

이 경험은 그 후 다른 강의를 하는데 많은 도움이 됨은 물론 큰 자산으로 남아 어느 강의나 자신 있게 할 수 있는 토대가 되었다.

두 번째 실험은 필자가 평소에 희망했던 것은 아니었으나 내 의사와는 전연 다르게 기회가 주어져서 해본 관광홍보마케팅 실험이다.

홍보와 관광에 무지했던 사람이 열정 하나만 가지고 덤벼든 실험인데,

삽교호함상공원을 찾아 수륙양용장갑차에 올라 병영놀이를 즐기는 어린이들

내가 아이디어를 내고 내가 직접 뛰어 다니면서 홍보하고, 마케팅 활동을 벌이고 전력투구한 결과, 도민들에게 헤아리기 어려울 정도의 돈을 벌게 해 주는 결과로 나타났다.

마치 마이더스의 손 같이 신기 하게도 모두 돈이 되었다.

일반적으로 공직자가 공적을 말할 때 어느 사업을 추진했을 경우 그 계선상의 직책(직원 · 계장 · 과장 · 국장)에 있었으면 다(그 소속직원 모두) 그 사업을 자기 공적으로 치는 경향이 있다. 나의 경우는 지금까지 소개한 모든 일들이 모두 내 자신의 아이디어로 내가 직접 홍보 · 마케팅을 해서 일궈낸 일들이기에 내가 내 공적으로 자신 있게 이 세상에 내놓는다.

세 번째 실험 역시 필자가 예상했던 일이 아닌 한 달 만에 갑자기 다가와 결단을 강요받은 기업경영실험이다.

이는 자신이 있었기에 제안을 받아들여 뛰어들었으나, 진짜 쉽지 않은 일이었다. 그것은 적자 상태의 기업을 흑자로 만들어, 주주에게 배당을 주고, 직원들의 봉급을 주면서 하루가 다르게 빠른 속도로 부식해가는 함정(해변이라서 더 빠르게 부식)도 관리해야하는 참 쉽지 않은 버거운 짐이었다.

웬 세금은 그리 많던지. 전기 사용료는 왜 그리 비싼지.(월 5~600만원) 감가상각비는 왜 그리 많은지. 돈을 꽤 벌었다 싶었으나 막상 결산을 해보면 순익은 쪼그라드는 등 어느 것 하나 만만한 것이 없었다.

특히나 적자구조로 추락하는 그 수렁에서 벗어나기까지도 엄청난 힘을 빼야했고, 그 상태에서 흑자행진으로 끌고 가는 데는 더 큰 노력과 땀을 요구했다. 아무튼 이러한 어려움 속에서도 신의 가호가 있었는지 소기의 성과를 거둘 수 있었던 것을 큰 행운으로 생각한다.

그 과정에서 직원들에게 많은 주문을 할 수 밖에 없었고 그들의 땀이 이 결실 속에 고스란히 녹아 있다.

이렇게 해서 34년간의 공직생활만을 해온, 아주 생소한, 한 번도 생각해보지 않았던 기업경영 실험도 성공리에 후회 없이 마칠 수 있었다.

이제 생각지도 않던 네 번째 실험을 시도해보고 있다.

글을 써본 경험이 전혀 없는 사람이 이 책을 쓰면서 '이 책이 과연 이 세상에 나올 수 있을까? 또 나온다면 사람들에게 읽혀질 수 있을까?' 라고 고민 안 해도 될 고민을 하면서 이 책을 쓰고 있다.

그러나 '책이 별것이겠는가? 세상에 태어나면서부터 책 쓰는 신분을 갖고 태어나는 사람이 어디 있겠는가?' 라고 자위도 해 보지만, 그래도 처음 시도 하는 일이다 보니 두려움이 없을 수야 없다. 그래도 한 번 꼭 해보고 싶다.

맺는 글

지방·지방자치단체의 (관광)경쟁력은 무엇일까?

지방·지방자치단체의 (관광)경쟁력은 무엇일까?

관광홍보계장을 하다가 승진해서 2002안면도국제꽃박람회 조직위 운영사업부장, 충남도의회 운영전문위원, 공무원 교육원 교수 등을 거쳐 다시 되돌아와 충남도의 관광진흥과장을 맡게 되었다.

과장을 맡으면서 많은 날을 충남도 관광행정의 방향을 어떻게 잡아야할지를 놓고 고민에 고민을 거듭했다.

이런 말을 듣는 사람들은 "아니, 관광과에서 계장을 4년여 동안이나 한 사람이 지금 무슨 뚱딴지 같이 방향타령이냐?"고 말하겠지만, 4년여 동안이나 그 일을 했기 때문에 이런 고민을 할 수밖에 없었다.

과장의 일상은 아침에 출근해서 간부회의 참석, 계장회의주관, 서류결재, 업무지시 및 방향제시, 기타 회의 참석 등으로 짜여 지기 마련인데 여기에 고민이 있었다.

계장 때에는 내가 맡은 분야만을 가지고 내가 직접 아이디어를 내서 사업계획은 세우고 그 사업을 추진하기 위해서 소속 직원을 시키든지 아니면 내가 전국, 세계 어느 곳이든지 직접 뛰어 다니며 일을 추진하면 됐다.

그런데 과장의 자리는 과 전체업무(여러 개의 계)를 관장하면서 방향을 잡아주고, 조정해주는 컨트롤 타워 역할을 수행하면서 중대한 일일 경우엔 직접 챙겨야 하는 등의 일이 주 업무가 될 수밖에 없어 어느 한 가지 일을 가지고 내가 직접 모든 것을 처음부터 끝까지 다 하는 데는 한계가 있을 수밖에 없다.

이런 한계 속에서 여러 날의 고민 끝에 내린 결론은 우리 충남도의 관광 경쟁력을 높여야 하는데, 그 경쟁력은 각 지역의 "관광역량"을 키우는 것이라고 정리했다. 어찌 보면 너무나도 당연한 결론이다.

우리도의 관광을 구성하는 각 주체의 역량을 키워주어야 그들이 각자 자기가 위치한 그곳에서 타 지역보다 비즈니스를 훌륭하게 잘 할 수 있고, 각 개체(개인 · 점포 · 기업 · 테마파크)가 경쟁력을 갖게 되어, 타 지역과 타 업소보다 영업을 잘하게 된다면 이것이 가장 확실한 경쟁력으로 나타날 수밖에 없다.

그런데 사실은 누구나 지금의 자기 직업을 갖기까지 처음부터 현재의 직업 분야의 전공을 하면서 지속적인 관심을 가지고 그 분야의 지식과 정보, 자격 등 모든 것을 다 갖추고, 완벽한 출발을 하는 경우는 많지 않은 것 같다.

그 경우보다는 어떻게 살다보니 우연찮게, 또는 다른 방법이 없어서 그 길을 택하는 경우가 대부분이 아닌가 생각한다. 우리 관광분야에 종사하는 분들도 예외가 아니어서 관광을 전공했거나, 특별한 교육이나 경험 등 준비 없이 이 분야에서 내 생각, 내 방식대로 업을 운영해가는, 또는 관광시설에 근무하는 경우도 있는 것 같고, 일부의 분들은 오랫동안 많은 준비를 거쳐 시작한분들도 있는 등 두 부류가 있는 것 같다.

물론 전자의 경우라 해서 몸담고 있는 업소와 시설이 경쟁력을 못 갖췄다라고 단정할 수는 없겠으나 보다 나은 준비와 여건 · 환경에서 사업을 하는 경우보다야 경쟁력이 떨어질 수밖에 없지 않겠는가?

리조트나 테마파크를 운영하면서 또는 근무하면서 전공한 분야가 아닌, '관광' 의 '관' 자도 접한 경험 없이 근무를 하게 되었다면 그 경우 또한 완벽한 경쟁력을 갖춘 시설 · 업소라고 할 수 없을 것이다.

그런데 우리 도내에 이런 부류의 시설 · 업소들도 많이 있는 것 같다. 물론 이 경우는 충남도뿐만이 아닌 타시도 · 타지방에 있어서도 크게 다르지 않을 것이나 그렇기 때문에 우리 도가 이 부족한 부분을 조금만 더 배려해 "정책적 접근"을 해준다면 지역의 경쟁력을 갖추는데 크게 도움이 될 수 있겠다는 생각이 들었다.

물론 지역 경쟁력을 저해하는 일이 여러 가지가 있을 수 있는데 관광과 관련한 업을 영위 하면서도 관광인이라는 인식을 지니지 못하는 경우도 문제 중의 하나다. 자기가 관광 현장에서 관광객을 상대로 생업을 유지하면서도 나는 관광과는 아무 관계가 없다고 생각하는 경우가 적지 않다는 것이다.

관광객이 많이 운집하는 길목에서 식당을 경영하는 식당주인의 경우, "나는 내 필요에 의해서 내 형편에 따라 내 방식대로 음식을 팔아먹고 사는데 무슨 내가 관광 맨(?)이냐?"라고 생각 하는 경우도 많다.

자기가 사는 그 지역에서 관광객에게 어떤 영향을 끼치고 어떤 지역이미지를 심는 지를 자각하지 못하는 것이다. 사실은 그 지역 관광에 엄청난 영향을 끼치는데, 그것을 모르니 그걸 깨닫게 하는 일 또한 중요하지 않을 수 없다.

평소 지역이나, 또는 각 업소 등의 경쟁력에 관심을 갖고 지켜보면서 이런 생각을 했다.

"참 준비 없이 시작하는구나! 참 무신경하게 장사를 하는구나!"

적절한 예가 될지 모르나 K군의 어느 지역(실명을 거론 할 수 없어서)에 가면 같은 메뉴를 가지고 멀지 않은 거리를 사이에 두고 장사를 하는 두 지역이 있는데 한 곳은 장사가 너무 잘되어 언제 가도 30여분 기다리는 경우가 다반사인데 다른 곳은 그렇지가 못해 잘 안되고 있는 사례를 보면서 '그 이유가 뭘까?'를 여러 차례 생각하며 관찰해 본 일이 있는데, 어렵잖게 그 이유를 찾을 수 있었다. 식재료의 문제, 용기의 문제, 맛의 문제 등 서너 가지(실제 사례라 구체적으로 서술 할 수가 없어)로 요약 할 수 있었다.

그런데 필자가 답답하게 생각하는 것은 이 서 너 가지 문제점이라면 조금만 신경 써서 보면 어느 누구라도 금방 발견 할 수 있는 확연히 보이는 사항이라는 것이다. 저쪽이 잘 되고, 자기 집이 잘 안 되면 원인이 무엇인가를 따져보는 것이 너무도 당연할 텐데……

거창하게 벤치마킹 운운 할 것도 없이 한 번만 가서 먹어 보면 쉽게 알 텐데……

언제 가 봐도 "나는 내방식대로 간다!"는 것을 보면서 이런 부분을 깨우쳐 주는 것도 중요한 일 이라는 생각을 해본다.

민간부분은 그렇다 치고, 공무원의 경우도 크게 다르지 않다.

직군 상 관광공무원으로 별도로 시작한 것도 아닌 상태에서 순환보직에 따라 이과 저과 옮겨 다니며 근무를 하다가 어느 날 관광과에 근무 명을 받아 근무하는 것이 현실이다. 그러다 보니 민간분야의 경우나 공무원의 경우나 크게 경쟁력을 갖출만한 여건이 구비돼 있다고 말할 수 없는 게 현실이다.

그런 현실 인식하에서 관광역량(민간+공무원)에 대한 이야기를 하고자 한다.

물론 앞서 식당경영의 예를 들었지만, 그것이 좀 규모가 커서 어느 해수욕장이나 어느 관광시설일 경우 그 영향력은 상상을 초월하게 크게 나타날 수밖에 없다.

어느 지역 해수욕장이 바가지요금이 성행하고, 호객행위에 열을 올리고 친절과는 거리가 멀다면 그 해수욕장의 영업뿐만 아니라 그 인근 여타 관련 업소까지 도매금으로 동반 쇠락의 결과를 초래할 수밖에 없을 것이다.

그래서 지역 단위의 공공의식 · 공동목표 · 공동마케팅 등을 추진할 수 있도록 인식의 변화, 사업 운영상의 애로 및 고민 등을 털어놓고 해결을 모색할 수 있도록 여건을 만들어 주고, 함께 풀어 갈 수 있는 논의의 장을 마련해 주는 것이 지방자치단체의 몫인 것 같다.

그러기 위해서는 주민의 관광역량을 높여줄 수 있는 선진 지역 벤치마킹, 교육 등을 통한 관광마인드 함양, 인식전환 등이 대안이 될 수 있을텐데 이 경우 이론 위주가 아닌 한 가지라도 실제 관광현장에서 적용할 수 있는 구체적인 방안을 갖춘 현장 전문가의 참여가 필요하다.

이와 병행해서 관광시설 종사자, 축제추진위원회 관계자, 해수욕장 번영회원, 지역 관광인들이 모두 참여하는 연찬회 등을 수시 개최해서 관광정보를 공유하고 아울러 당면한 영업상의 문제에 대한 해결방안을 모색하면서 연계마케팅 등을 논의할 수 있도록 시책적으로 뒷받침 해주어야 한다. 또 지역 관광인, 관광공무원 등이 같이 참여하는 워크숍, 선진지역 벤치마킹 등의 수시 개최를 통해 지역 구성체들이 상생체제를 구축해 가는 노력이 필요한 것 같다. 이때 자기네들끼리가 아닌 전문가(현장+이론)를 함께 참여시켜야 실질적인 대안이 될 수 있을 것이다.

필자가 과장 재직 시 이런 취지에서 처음으로 위와 같은 관련 교육을 실시한 일이 있는데, 참가자 모두가 "이런 자리가 진작 있어야 했었다."며 너무너무 좋아했다.

각자 생업에 종사하는 분들의 시간을 뺏을까봐 희망자를 조사해서 1일 교육을 실시했었는데, 1박2일로 하자는 의견이 주류를 이루었다. 그러면서 자기네들끼리 모임체를 구성하는 것을 보면서 사실 필자의 의도도 이러한 조직체를 주선하려 했는데, 자기들 스스로 모임체를 결성하니 정말 순수한 민간 자생조직이 만들어지는 것을 볼 수 있었다.

공무원들이 이와 같은 민간 역량을 키워줄 수 있게 지도해 주고, 실질적으로 지원해줄 수 있는 수준의 역량이 필요한데, 현실적으로 그렇지가 못한 것이 우리의 현실이다.

우선 이 이야기를 하기 전에 필자가 오랜 기간 공직에 몸담으면서 경험한 지자체의 관광공무원의 역량을 보면 지자체별 수준차가 매우 크다. '축제의 맛', '관광의 맛'을 잘 아는 시군이 있는가 하면, "아! 관광이 중요한 것 같은데…"라고 깨달은 단계에서 열심히 해 보려고 시도하는 시군도 있다. 하지만 아직도 잠에서 덜 깨어난 시군도 있는 등 서너부류로 나눌 수 있을 것 같다.

첫 번째 부류는 꽤 활발한 관광시책 추진으로 상당한 관광수입을 올려가는 시군이고, 두 번째 부류는 의욕도 있고, 노력도 기울이는데 아직 전문성 · 노하우 등의 부족으로 노력한 만큼 성과를 거두지 못하는 경우다.

세 번째 부류는 아직도 관광을 문서행정 · 관리행정으로 인식해 탁상행정으로 소일하는 경우로서 그 정도가 심한 수준인 것 같다.

이런 시군은 어느 축제 하나를 개최해보면 그 실상이 확연히 드러난다.

그런 시군의 경우, 축제를 추진하는 축제 주체인 자치단체와 주관인 축제 시행단체간의 분담업무 조차 확실하게 인식, 구분하지 못해 우왕좌왕해서 축제 준비기간을 상당기간 허비하므로 인해서 축제준비 및 진행에 차질을 초래하는 경우도 있다.

축제 진행은 주관단체가 하더라도 주최 측인 자치단체가 해야 할 일이 훨씬 많고 중요함에도 무엇을 해야 할지를 알지 못해 축제를 엉망으로 만들어 축제의 성과를 내지 못하는 등 실망스러운 결과를 초래하게 된다.

쉬운 예로 축제 하나만 봐도 결과가 이럴진대 관광행정 전체를 놓고 본다면 엄청나게 큰 결과로 나타난다고 본다면 무리일까?

국가나 지방자치단체, 기업이나 가정 이 모든 주체들의 흥망성쇠는 바로 사람이 좌우한다고 볼 때 해당 조직 구성원이 어떤 목표와 어떤 생각과 능력을 갖고 있는가는 정말 중요한 일이 아닐 수 없다.

나는 평소 '어떤 성향을 가진 사람이 관광공무원으로서 가장 적합해서 좋은 성과를 낼 수 있을까?' 라는 생각을 많이 해보면서 나름대로 정리를 해본 일이 있다.

어떤 일에 성과를 내기위해서는 "긍정적인 열정"이 있어야겠다는 생각이 간절하게 들었다.

업무추진과정에서 수시로 얻어지는 정보를 사업화 하려는 노력과 그 사업에 올인 해 추진하는 마인드와 열정이 있어야 가시적인 좋은 성과를 거둘 수 있는 것 같다. 반대로 관광공무원이 되어서는 절대로 안 되는 사람이 있는데, 이는 다름 아닌 자기 분담업무를 권리로 인식하는 사람이라고 정리한 바 있다.

정말 이런 사람이 관광행정을 하게 된다면 성과는커녕 여러 사람들을 피곤하게 할 뿐만 아니라 엉뚱한 결과를 초래하게 된다.

모든 업무가 다 그렇겠지만 관광공무원이야말로 현장을 제대로 알아야 한다. 현장을 알아야 거기에 맞는 계획이 나올 수 있고, 수시로 일어나는 일에 대한 대처가 가능하다.

외국인 관광객 유치를 하고자 한다면 그 현장에서 뛰는 사람들과의 접촉과 교류를 통해서, 축제를 알고 싶으면 잘 치러지는 축제 현장, 지역 홍보를 잘하고 싶으면 취재현장, 관광자원 개발을 잘 하려면 잘 개발된 현장 등 그 현장의 토대위에서 전문가의 자문 · 조언 등을 반영해서 시책을 추진한다면 졸작을 면할 수 있다.

"현장에 길이 있다!"

현장에 모든 것, 다는 아닐지라도 상당부분 답이 있는 것은 분명한 것 같다. 이렇게 익힌 현장 지식을 교과서의 이론에 접목하는 노력 또한 게을리 해서는 안 되는 대목이다.

외국인 관광객 유치의 경우, 문서를 따지다가는 버스는 이미 지나가 버린다. 필요한 즉시 즉시 현장에서 조치해주어야 하는 일이 대부분이다. 언제 다 그 복잡한 사안 사안들을 문서로 해결하겠는가?

이렇게 현장을 열심히 뛰면서 답을 찾기 위해 노력하면, 찾고자 하는 답이 보일 수밖에 없다.

또 모든 일이 다 그렇겠지만 특히 관광분야 간부라면 전문가와의 수시교류를 통해서 자기 자신의 부족 부분을 채워가면서 보다 큰 틀의, 보다 넓은 세계로의 경쟁력을 확보해 나가야 한다. 그 과정에서 자기가 속한 지자체의 글로벌경쟁력을 키워가는 노력도 게을리 해서는 안 되는 것 중의 하나다.

행정의 대상이 단순히 국내가 아닌, 세계 시장이기에 그래야 외국인 유치와 해외자본 유치 등에 있어서도 탄력을 받을 수 있기 때문이다.

한 가지 더 추가하자면 이렇게 말하고 싶다.

"항상 홍보의 끈을 놓아서는 안 된다!"

어떤 사업이나 다 그렇겠지만 특히 관광은 알리지 못하면 생존 자체가 어려운 생물이다. 이러한 특수성을 감안해서 이야기꺼리, 홍보꺼리 등을 부단히 만들어 가는 노력과 홍보감각이 필요하다.

"홍보에 둔감하면 망한다!"는 철저한 인식이 필요하다.

내 업소, 내 시설 하나로 홍보꺼리가 안 되면 이웃 업소, 이웃 시설과 함께, 그래도 부족하면 그 지역 전체를 묶으면 가능하지 않겠는가?

필자가 근무한 삽교호함상공원의 경우 임기 3년(1,095일)동안 72회(현재 홈페이지에서 확인 가능)의 홍보로 이것을 날짜로 따지면 15.2일(약2주일)만에 한 번씩 홍보가 이뤄진 셈이다.

이 72회는 비교적 굵직한 것만을 대상으로 카운트했는데, 미처 챙기지 못해 수록이 안 된 것도 적지 않다. 마지막으로 한 가지 더 주문하자면 '지역마케팅 개념' 에 충실했으면 하는 것이다.

자기가 속한 지자체를 팔아주어야 할 상품(문화상품 · 관광 상품 · 농산물 · 특산물 · 수산물 · 전통주 · 산업시설 · 의료시설…)으로 가득 찬 '창고개념' 으로 인식하고 이것을 파는데, 이것을 팔거나 파는 것을 돕는데, 또는 판로개척의 기반을 조성하는데 노력을 게을리 하지 않는다면, 지역 · 지자체의 경쟁력은 살아날 수밖에 없다.

이 주문은 언뜻 보면 대단히 생소한, 무리한 주문으로 보이나, 공무원들이 평소에 하는 일인데 조금만 더 범위를 넓히고, 열정을 가미하는 시각으로 보면 하나도 새로울 게 없다.

관광객 유치를 통해서, 축제의 개발 · 실행을 통해서, 관광자원 홍보활동 및 홍보물의 제작 배부를 통해서, 여행상품의 개발 · 판매를 통해서, 농수산물 직 특판장 개설운영을 통해서, 의료관광 추진을 통해서, 해외시장 개척단 운영 등을 통해서, 지금까지 평소 공무원들이 하고 있는 일들이다.

위와 같은 일련의 활동이 통합관광정책이고, 이것이 바로 관광을 통한 지역마케팅 · 장소마케팅 · 도시마케팅인 것이다.

다만 다른 것이 있다면, 기존하던 일에 관광적 접근(관광마인드 접목)을 통하여 열정을 추가해서 하는 것이 다를 뿐이고, 이런 활동이 단편적 · 일회성 · 이벤트성이 아닌 지속적 평시 업무화해서 연중 항상 추진 한다는 것이 다를 뿐 이다.

또 일을 추진하면서 일의 량이 아닌, 질로 승부하는 것이 다를 뿐이고, 타의가 아닌 스스로 하고 싶어서 사명감을 갖고 전력투구하는 것이 다를 뿐이다. 이제 공무원도 아마추어가 아닌, 프로근성을 가지고 일에 승부를 걸어야한다.

앞서 여러 가지 주문을 했지만 이런 일을 실천해서 실적을 내는 것은 '능력의 문제' 라기보다는 '각자 각개인의 마인드의 문제' 인 것 같다. 긍정적이고 유연한 사고, 열정적인 추진력 등이 무언가를 이루는 요체이다.

지금까지 교육 · 워크숍 · 벤치마킹, 이론과 현장의 접목, 전문가 참여, 홍보 · 지역마케팅 등 여러 이야기를 했지만 이 모든 것이 진정한 성과를 내기 위해서는 많은 고민의 시간을 갖은 후에 스스로 하고 싶어서 열정을 가지고 최선을 다 하되, '지속성' 이 가미 되어야 바라는 성과에 다가갈 수 있는 것 같다. 이런 성과가 이루어져 가는 상태, 또 자기가 맡은 업무를 권리로 여기지 않고 사명으로 여기면서 지역 주민에게 돈을 벌어 주려 애쓰는 세일즈 공무원('돈 벌어주는 공무원')이 많은 지방자치단체, 이런 모습이 진정한 지역, 지자체의 경쟁력이 아니겠는가?

작품해설

신화용의 저서 「돈 벌어주는 공무원」을 읽고서

"한 사람이 여럿 먹여 살리는 관광브랜드"

- 신화용 著 '돈 벌어주는 공무원' 을 읽고서 -

김 우 영(작가 · 한국해외문화교류회 사무국장)

수 년 전 중국 서안(西安)을 여행하면서 중국의 진시황 유적지를 돌아보면서 우리를 안내한 가이드 말이 지금도 뇌리에서 떠나지 않고 있다.

"중국 진시황은 살아서 중국인민을 먹여 살리고, 죽어서도 먹여 살리는 위대한 인물입니다."

"아, 맞아 그 멀리 한국에서 비싼 돈을 들여 우리가 이곳을 방문하는 것을 보면 말이야 ……!"

"그래요 진시황 대단한 사람이에요!"

"이제 관광은 돈 이예요, 돈 …… !"

함께 간 P시인과 고개를 끄덕이며 주고받은 내용이다.

중국 산시성(陝西省) 린퉁현(臨潼縣) 여산(驪山) 남쪽 기슭에 위치한 시황제의 구릉형 묘와 병마용갱을 둘러보았다. 아직도 그 왕묘와 병마용갱용의 일부만 발굴했다고 한다. 그런데도 세계의 수많은 관광객들의 발길이 끊이지 않고 이곳을 찾고 있다.

이곳은 시황제 즉위 초부터 착공되어 통일 이후에는 70여만 명이 동원되어 완성되었다고 한다. 특히 능원 동문 밖의 거대한 병마용갱은 세계적인 관심거리가 되었다. 세계 불가사의 중 하나로 꼽히어 1987년 유네스코 세계문화유산으로 등록되기에 이르렀다.

중국사에서 15억이라는 거대한 인민에게 영향을 미친 역사적 인물은 언제나 진시황과 마오쩌둥을 꼽는다. 진시황은 중국이라는 거대한 나라를 만들었고, 마오쩌둥은 오늘날 사회주의 중화인민공화국을 만든 사람이다.

'신화용 공무원 신화(神話) 홍보' 에서 비롯

신화용! 그를 한국관광공사의 한 간부는 '지자체의 신화적 존재' 라고 평했다. 맞다! 그는 신화를 쓴 사람이다.

신화용이라는 분은 30여년을 충청남도에서 공무원 생활을 한 직업공무원이다. 그가 우연히 충청남도 관광과 부서의 관광홍보계장직을 맡으면서 '신화용의 신화' 는 시작된다.

물론 본디 어느 업무이고 마음을 먹으면 제대로 하는 집념과 끈기의 소유자이기는 하다. 그러나 관광홍보 계장직은 본래 적성에 맞는 업무는 아니었다고 한다.

윗분이 '이 사람이면 이 분야를 잘 하겠지!' 하고 낙점을 놓고 배치를 시켰는데 신화용 계장은 기왕 맡은 업무 제대로 하여 빛을 내겠다고 노력을 기울였다고 한다.

신화용의 저서 '돈 벌어주는 공무원' 을 읽으면서 철학자 '홉스' 의 말이 생각이 난다.

"현실을 요리하려면 현실에 굴종하는 절차를 밟아야 한다."

이번에 출간하는 '돈 벌어주는 공무원' 이라는 책은 신화용 자신이 충청남도 관광공무원으로 근무하며 느낀 단상을 에세이 형태로 쓴 글이다. 글 전체에 자연스럽게 흐르는 문장은 솔직담백하고 살아있는 현장 글이어서 봄 쑥처럼 풋풋하다.

현학적(顯學的)이지 않고, 물이 흐르듯 자연스럽게 흘러가는 듯 한 필치의 문장에서 따뜻한 휴머니즘(Humanism)이 봄내음처럼 물씬 묻어난다. 그 만이 갖고 있는 유니크(unique)한 독특한 문장 전개에서 싱그러운 리리시즘(Lyricism)을 느낀다.

신화용은 "관광현장 만큼 뚜렷하고 현실성 있는 아이디어가 없다"는 철학으로 충남도내 관광단지 현장을 두루 돌았다. 즉 발로 보고, 발로 듣는 현장감을 일찍이 익힌 실천 파 '충청남도 관광주식회사 수배부장' 이었다.

충청남도의 관광을 홍보하는데 무턱대고 할 수 없어 그만의 독특한 아이디어로, 전략과 열정으로 홍보업무를 성공시키고 만다. 스스로 충청남도 관광수배부장임을 자처하며 열정적으로 추진했던 관광마케팅 활동은 일약 '충남관광을 한 단계 높여준 획기적 결과' 로 이미 언론과 내부적으로 평가가 내려진 일대의 사건(?!)이었다.

몇 가지 대표적으로 예를 들면 아래와 같다.

- 강경젓갈 시장이 기차를 타고 서울나들이를 하다
  - 하루 만에 서울 경기 관광객 700명 동원, 1억 원 매출
- 상놈전어, 양반전어로 팔자를 고치다
  - 63억 매출 왕 대박, 전어회 시대 전국 개막
- 중국시장에 충남을 팔다
  - 충청남도를 중국 거대시장에 알몸홍보

- 동양 최초 군함테마파크의 CEO가 되다.
  - 만년 적자민간기업 흑자로 전환, 주주 배당 실현(임기 중 3년 동안)

신화용은 스스로 말한다.

"세상 모든 것이 관광자원(돈)이다!"

"홍보에 맛들이면 못 헤어난다. 홍보가 마약?"

일개 광역단체의 지방공무원이 치러낸 사건(!)치고는 보기드믄 쾌거이다. 이 결과로 인하여 한국관광공사 출입 기자단에서도 선정한 'MVP 관광대상' 과 대전 충남행정학회 교수들이 정책 개발에 공적이 있는 사람에게 주는 '대전충남행정학회가 뽑은 으뜸 공무원상' 으로 선정되어 상을 받는 영예를 안았다.

이것이 큰 공적이 되었을까? 충청남도 관광과장으로 근무하는 그를 만년 적자에 허덕이던 충남 당진의 '군함 테마파크' 주식회사 대표이사로 섭외하였던 것이다.

국내의 저명한 한국마케팅연구소 '박영만 소장' 의 말이 씨앗이 되었을까!

"홍보와 가까워지면 성공과 가깝다!"

한 사람 공무원 집념 지역 매출에 큰 기여

서두에서 언급한 것처럼 중국의 진시황은 살아서 또는 죽어서 15억의 중국인민을 먹여 살렸다.

그리고 신화용은 충남도를 문화관광이라는 브랜드 한 차원 높게 수직 상승시켰다. 따라서 전국과 일본 · 중국 등지에서 많은 관람객이 충청남도를 찾아 왔다. 그리고 주머니에 있는 돈을 내려놓고 돌아갔다.

논산 강경 젓갈시장, 부여의 백제기행, 서천 홍원항 전어축제, 당진 왜목마을 해맞이 명소 발굴을 통하여 많은 관광객이 몰려와 매출을 올려줘 지역주민 먹고사는데 보탬이 되었다.

이처럼 신화용은 '돈 벌어주는 공무원'으로 자리매김 되어 많은 이들의 삶에 행복한 포만감과 추억을 안겨준 고마운 사람이다.

'충청남도 관광주식회사 신화용 수배부장'이 발로 뛴 지역의 주민들이 그가 노력한 대가로 돈 벌이가 되어 행복한 미소를 짓는 것, 이것이 그가 바라는 소박한 보람이 아닐까 생각한다.

따라서 신화용의 '마약홍보' 열정과 집념에 영혼을 접지 말고 더욱 한 단계 발전시켜 관광충남, 관광한국으로 거듭나기를 소망한다.

2011년 춘삼월 호시절에

대한민국 중원 땅 문인산방에서 나은 길벗 쓰다

♣ 관련 명언

"그대가 이 세상에 태어났을 때 그대는 울고 모든 사람들은 기뻐했다. 그러나 그대가 이 세상을 떠날 때는 모든 사람들이 울고 그대만은 미소를 지을 수 있도록 하라!"